AF645113

Nanas Küche

66 Wohlfühlgerichte
aus der Südtiroler
Bergbauernküche.
Von damals & heute

Erzählt und gekocht vom Südtiroler Starkoch Thomas Ortler
Recherchiert und fotografiert von Udo Bernhart

CHRISTIAN

Inhalt

»Hoamelen«

Begleiten Sie Thomas Ortler und Udo Bernhart bei ihren Besuchen der Nanas und erleben Sie das Making-Of unseres Buchs:

Einleitung

»Hoamelen« – Wohlfühlessen von damals und heute

Ei, Großmutter, wieso duftet es so verführerisch in deiner Küche?

Damit ich dich besser locken kann!

Ei, Großmutter, wieso hast du ein so großes Feuer im Herd?

Damit ich dich besser wärmen kann!

Ei, Großmutter, wieso hast du so große Pfannen darauf stehen?

Damit ich dich besser bekochen kann!

Aber, Großmutter, wieso ist der Tisch voll köstlicher Dinge?

Damit du mich öfter besuchen kommst!

Jede Erinnerung an meine Großmütter verwandelt sich in ein Märchen. Man braucht nur die Augen zu schließen und schon spürt man die Kälte eines schneereichen Winters im Vinschgau, wo in einem kleinen Häuschen zu später Stunde noch ein Lichtlein brannte. Der Holzherd in der Küche unglaublich heiß. Der gesamte Raum eine Wärmeoase in dem sonst so sparsam beheizten Haus. An dieser Stelle gilt es, das Schlafzimmer zu erwähnen, in dem der Heizkörper das ganze Jahr über nicht genutzt wurde und die arktischen Winde auch deshalb durchfegten, weil das Fenster – winters wie sommers – nachts einen Spalt offen bleiben musste. Man brauchte ja nur ein warmes Bett und gestrickte Socken, und falls dies noch nicht reichen sollte, halt noch ein, zwei zusätzliche Decken. Selten hat man so gut geschlafen wie in Omas eisiger Schlafkammer. Sie trug übrigens immer ein Nachthemd, Pyjamas waren ihr suspekt.

Ganz anders verhielt es sich hingegen in der Küche, die quasi zur finnischen Sauna umfunktioniert wurde. Über dem Esstisch hing selbstsicher eine kleine Sparlampe, die 20 Minuten Vorlaufzeit brauchte, um ihre bescheidene Strahlkraft in vollstem Maße freizugeben. Umso kräftiger – stark und süß – war der purpurne Früchtetee, der nie fehlen durfte. Er stand auf dem weiß gestrichenen Holztisch, der mit einer prachtvoll bestickten Tischdecke bekleidet wurde. Natürlich wurde Letztere, jenes für Flecken anfällige Kunstwerk, nicht den ungeschickten Händen und unbedachten Taten der Gäste ausgesetzt. Über ihr lag deshalb stets eine durchsichtige, wasserabweisende Plastiktischdecke. Sie raubte der sorgfältigen Handarbeit womöglich etwas Anmut, aber sie war durchaus praktisch. Was erwartet man sich auch sonst von einer Generation, die ihre besten Kleider nie ohne eine Schürze darüber tragen würde?

Das Feuer knisterte egozentrisch, züngelte aus der Herdplatte, als würde es am liebsten fliehen, fliehen vor Großmutters Zucht zur Wärme- und Kochquelle. Das Solo der schnalzenden Flammen wurde von einem leisen Blubbern im Hintergrund begleitet. Ganz subtil, wie eine Harfe im Orchester, köchelten Köstlichkeiten vor sich hin. Der Duft war der beste Aufguss in dieser »Finnischen Sauna«-Küche, den man sich vorstellen konnte. Geselchtes, Geschmortes, Gebackenes und vor allem Geliebtes hypnotisierten die Sinne und raubten mir jegliche Fähigkeit, Nein zu sagen, wenn es Nachschlag gab.

Über diese Hintergrundgeräusche legte sich schließlich der Tenor der Gespräche, manchmal lauter, manchmal leiser, je nach Thema und nach Laune. Dann plötzlich! Ein Schnarchen vom Vetter, der schon zu viel gespeist oder getrunken hatte und sich in der Eckbank verzog, um ein Nickerchen zu machen. Und so endet das Märchen von damals, jedoch nur, bis es wieder ins Gedächtnis gerufen wird. Denn all dies ist mein kleines, bescheidenes Universum des »Hoamelen«, ein Gefühl, das jeder kennt und nach dem sich alle sehnen. Man kann es kaum beschreiben, kaum auf den Punkt bringen, denn es birgt so viel. Ich werde es trotzdem versuchen.

INRI

Heimat als Gefühl

Das Konzept von »Heimat« ist im deutschen Sprachgebrauch einzigartig. Es ist nicht nur an einen Ort gebunden, wie das englische »Home« oder das italienische »Casa«. Es ist in unserem Kulturkreis vor allem mit Gefühlen beseelt. Es geht dabei um Vertrautheit, Geborgenheit, Räume und Menschen, die Schutz und Zuflucht vor dem bieten, was fremd und ungewiss ist, also all dem, was eben gerade nicht »hoamelet«. Es ist das Goldene Vlies der Kindheit, das wir auch noch im Erwachsenenalter suchen und um jeden Preis finden möchten. Manche erkennen es in Landschaften, Traditionen, Erinnerungsstücken, Fotos, Liedern oder Schriften. Ich finde es hingegen meist in Gerüchen und Geschmäckern. Sie sind wie eine Jukebox, die verschollen geglaubte Schallplatten aus den verstaubten Ecken meines Hirns hervorholt, sie abspielt und dadurch alles relativiert, was uns der moderne Konsumwahn weismachen will.

Eine meiner Großmütter, Monika, die ihr vielleicht noch aus meinem ersten Buch »Südtirol: Gerichte & Geschichten von Berg, Tal und Welt« kennt, hat in den letzten Jahren leider einen Großteil ihres Erinnerungsvermögens verloren. Diagnose: fortgeschrittene Demenz, in einem Geist, der so viel konnte, so viel wusste und so viel ausstrahlte. Sie kennt mich zwar nicht mehr beim Namen, aber sie weiß, dass ich ihrer Sippe angehöre, und diese hatte nun mal gewisse Traditionen, die auch diese Krankheit überdauern. Es genügt unter Umständen, ein »Stille Nacht« anzustimmen, und sie singt mit, Tränen kullern über ihre Wangen und es wird klar: Sie ist dort, wo es »hoamelet«. In der warmen Küche oder Stube von damals, mit den Leuten von damals und allen Wünschen und Träumen eines ewigen Kindes.

Jedes Rezept in diesem Buch entspringt aus diesem Universum des »Hoamelens«. Wir können uns also auf eine Entdeckungsreise machen. Vielleicht ist für uns alle eine vertraute Galaxie dabei.

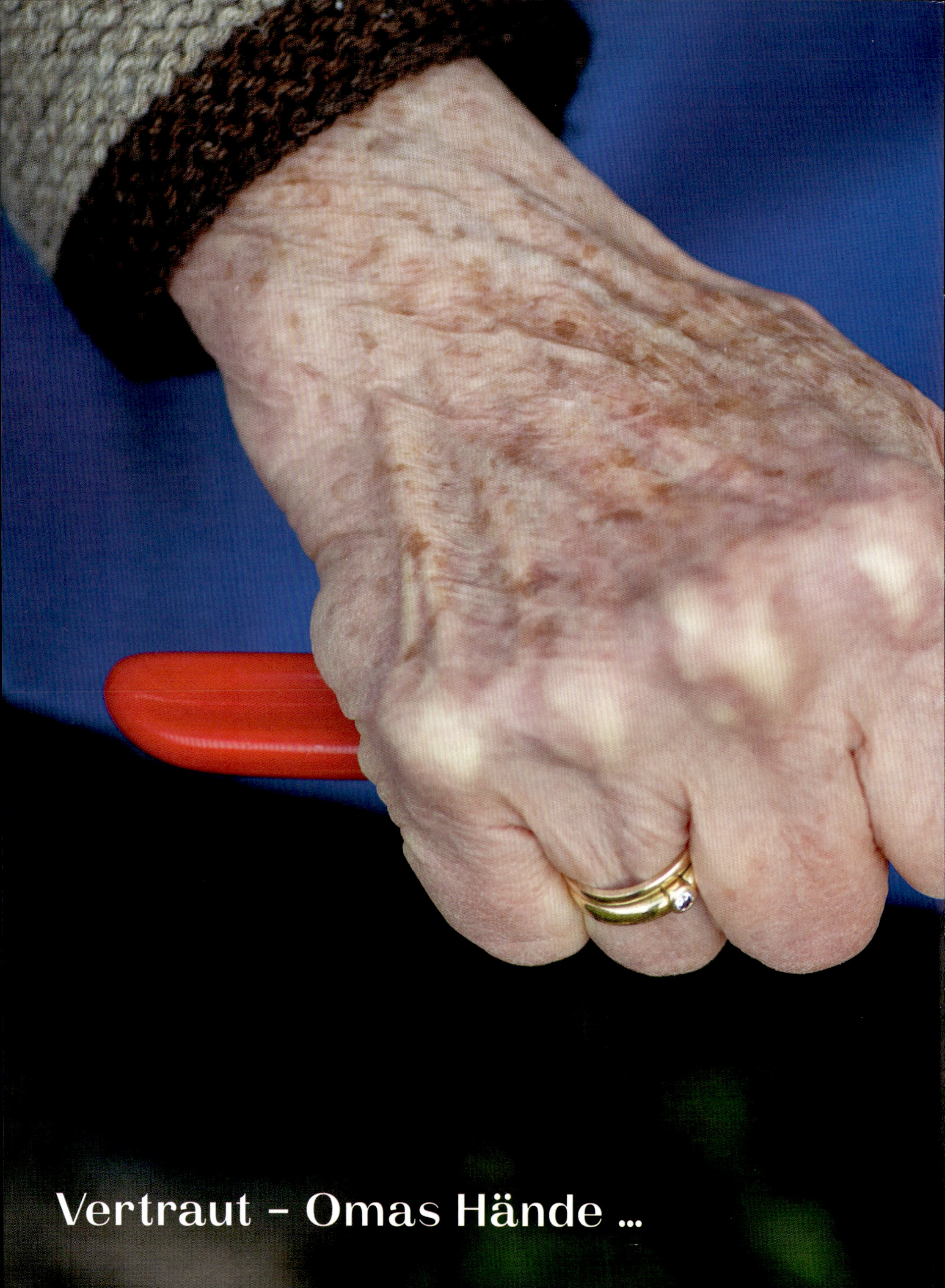
Vertraut - Omas Hände ...

Maria Nagler

Runch Hof – Alta Badia

Buna Saira, als was fühlen Sie sich?

Eine Frage, die man als Südtiroler meistens als erste gestellt bekommt, ist: »Aber ihr Südtiroler, fühlt ihr euch als Italiener oder als Österreicher?« Jeder kennt sie, jeder hasst sie, jeder hat eine Standardantwort darauf. Meine lautet: italienischer Staatsbürger, ja, Ethnie (wenn man so etwas überhaupt definieren möchte) alpenländisch und deutschsprachig, kulturell ein absoluter Mix. Fusionsküche, wenn man so möchte: Wir sind die Ceviche Italiens, die Canederli-Kinder.

Sobald man darüber nachdenkt, wie überflüssig so eine Definition ist, und man sich selbst bemitleiden möchte, dann aber in den Osten des Landes fährt, merkt man: Ach ja, es gibt da noch eine Minderheit in der Minderheit, die Ladiner. Sie sprechen neben Deutsch und Italienisch auch eine rätoromanische Sprache, die unheimlich melodisch klingt und eigentlich zu den Ursprachen des gesamten Landes gehört. Viele Dialektwörter und Flurnamen im Vinschgau haben einen rätoromanischen Ursprung (z. B. der Flurinsturm in Glurns, nach dem mein Restaurant benannt ist). Das kommt daher, dass wir eigentlich bis zur Gegenreformation in der frühen Neuzeit noch rätoromanischsprachig waren, so wie unsere Nachbarn im Kanton Graubünden, wo es bis heute gesprochen wird. Das Verbot der Sprache in Tirol hatte vor allem damit zu tun, dass man befürchtete, protestantisches Gedankengut könnte von den Eidgenossen ins streng katholische Tirol gebracht werden, und zwar in dieser »Codesprache«, die einigen geistlichen und weltlichen Herrschern nicht geheuer war. Scheinbar war der Turmbau zu Babel immer noch ein Problem für jene, die sich darum sorgten, dass ihr Gott kein Rätoromanisch verstand.

Mittlerweile hören die restlichen Südtiroler das Ladinische nur, wenn sie einige Minuten zu früh den Rai-Sender Bozen eingeschaltet haben, um die lokalen Nachrichten um acht Uhr abends zu hören. »Buna Saira«, »Guten Abend«, heißt es da, wenn der »Trail« (das ladinische Fernsehen) läuft und in so manchem Haushalt versucht wird, scheinbar bekannte Wörter mit den gesehenen Bildern zu verbinden.

Die Ladiner sind sowohl die Minderheit in der Minderheit als auch Pioniere durch und durch. Weltoffene, kreative und unheimlich heimatvertraute Menschen zugleich. Ein Beispiel gefällig? Udo Bernhart erzählte mir, dass er einst bei einer Party von dem aus Gröden stammenden Starproduzenten Giorgio Moroder eingeladen war. Dieser hatte nicht nur vier Grammys und drei Oscars in seiner Luxusvilla in Hollywood herumstehen, sondern auch eine getäfelte Tiroler Stube aus Zirbenholz einbauen lassen, wo bis in die spä-

ten Abendstunden Speck aufgeschnitten wurde. Wahrscheinlich war es das »Hoamelen«, das ihn dazu bewegte.

Ein weiteres Beispiel? Fährt man durch Alta Badia, ebenfalls ein Teil des ladinischsprachigen Südtirols, dann passiert man so manches avantgardistisches Luxushotel, modernste Skianlagen und nicht zuletzt aber ebenso Bauernhöfe, die noch wahrhaftigen Charakter besitzen. So etwa im Runch Hof, dem Reich von Maria Nagler.

Blöd fragen und blöd dreinschauen darf man immer!

Maria Nagler gehört zu den Großmüttern, vor denen man sich in Acht nehmen muss. Sie ist wortgewandt, keck und wurde mit einer unerhörten Schlagfertigkeit gesegnet. Ihre direkte und ehrliche Art macht sie unheimlich sympathisch und unser Kennenlernen beschreibt sie meines Erachtens am besten. Während der Zubereitung des Straubenteigs (siehe Seite 22) fragte ich sie tatsächlich, ob ich eine Frage stellen dürfte. Ja, ihr habt richtig gehört. Wenn ich darüber nachdenke, dann ist das eigentlich auch nicht wirklich sinnvoll. Ich stelle bereits eine Frage und möchte dabei fragen, ob ich eine Frage stellen darf. Also was habe ich mir dabei gedacht? Höflich zu sein? Vielleicht, aber das zieht meiner Meinung nach nur bei Menschen, die sich mit Masken begegnen und über Themen sprechen, die sie nicht interessieren, die Fragen stellen, die sie nicht kümmern, und ein Gespräch nur deshalb so oberflächlich wie möglich führen, um ja nicht in Verlegenheit zu geraten. Da würde man auf meine Frage dann wahrscheinlich antworten: »Natürlich, mein Lieber« oder »Ja bitte, danke, dass du fragst.« Maria hingegen meinte: »Bleid frogn und bleid drinschaugn terf man olm!«, »Blöd fragen und blöd dreinschauen darf man immer!«.

Ich musste laut auflachen und war baff zugleich. Wir kannten uns nur einige Minuten und sie hatte mich schon in ihren Bann gezogen. Ich wusste

sofort, wo die Reise hingehen würde, und legte mich richtig ins Zeug, um ihrer Schlagfertigkeit mit demselben Tempo zu begegnen. Das gelang mir nur teilweise: Ich war ihr Schüler am Herd und sie gab mir dies auch zu spüren.

Zuerst durfte ich nur »inschiern«, also das Brennholz in den Herd geben, natürlich genau nach ihren Anweisungen: nicht zu viel, nicht zu wenig. Jedes Scheit schien mir eine Wissenschaft für sich zu sein. Hatte ich nun die erste Prüfung bestanden, so wurde ich dazu befördert, ihr demütig den Teller hinzuhalten, um ihr das Herausnehmen der Strauben (des Gebäcks auf Seite 22) zu erleichtern. Ich war sozusagen ihr Teller-Page und musste auch hierbei lediglich zuschauen. Irgendwann war es mir dann erlaubt, Staubzucker und Preiselbeeren auf die Strauben zu geben. Nicht zu viel Staubzucker und ja nicht mit der Marmelade sparen, so hatte sie es gerne. Nach dieser Lehrzeit dann endlich der Ritterschlag: Sie ließ mich an den Herd und mein Herz schlug schneller als in so mancher Sterneküche. Der Druck war hoch und das Versagen schon vorprogrammiert. Als ich beispielsweise den kupfernen Trichter, mit dem man den Straubenteig behutsam in das heiße Öl fließen lässt, in einem kurzen Moment der Unüberlegtheit in die Teigschüssel legte, brach sie meinen Versuch der ersten eigenen Straube sofort ab. Und erteilte mir eine Lektion über die Prinzipien dieses Gerichts und die absolute Notwendigkeit, dafür zu sorgen, dass der gelobte kupferne Trichter, der schon Strauben produzierte, als ich noch lange nicht geboren war, immer, wirklich immer makellos sauber bleiben müsse. Sie sagte es entschlossen und trotzdem mit einem leichten Schmunzeln auf den Lippen, und das ist für mich ihre Art zu kochen: stolz, aber mit Humor und Selbstironie. In einer Küche lernt man nicht nur Rezepte kennen, sondern vor allem Philosophien, und diese gefiel mir gut, sehr gut sogar.

Und da ist das Kreuz, wenn dann der Pfarrer kommt

Das war Straube Nummer eins. Es folgte Straube Nummer zwei. Die war zwar nicht besonders

schön, doch ich hatte den Trichter sauber gehalten. Ein Schritt in die richtige Richtung. Angekommen bei Straube Nummer zehn klappte es dann immer besser. Ja, Maria verlor sogar so etwas wie ein Lob für mich: »Dei hosch schian gmocht«, »Die hast du schön gemacht«, flüsterte sie gerade so laut, dass nur ich es hören konnte. Sie war endlich zufrieden mit mir, und das freute mich unheimlich. Damit nicht genug: Während die Zeit verstrich und wir uns besser kennenlernten, schenkte sie mir mehr und mehr Vertrauen. Sie hing sich mit ihrem Oberarm bei mir ein und zeigte die Anmut einer starken Frau, die trotz der Jahre und so mancher zusätzlichen Falte im Gesicht keinen Hauch ihres Glanzes verloren hatte. Sie war eindeutig sehr stolz darauf, dass ein junger Mann das ganze Land und nicht zuletzt das beschneite Grödner Joch mit Mühe und Not überquerte, um an ihrer Seite zu stehen und ihr jeglichen Wunsch von den Lippen ablesen zu dürfen. Ein Märchen im Stile Dornröschens oder Rapunzels, wo der Prinz keine Mühen scheut, um seiner Prinzessin gerecht zu werden.

Als wir über mein Faible für die Geschichte zu sprechen kamen, nahm sie mich bei der Hand und meinte, ich solle ihr folgen. Und ich gehorchte natürlich. Sie führte mich in ihre Stube und setzte mich auf einen Stuhl. Voller Begeisterung holte sie allerhand Schlüssel hervor und öffnete sorgfältig so manches Kästchen. Sie zeigte mir ihre Sammlung an Antiquitäten: Kleidung, Schmuck, Rasiermesser, Fernrohre und Besteck. Eine Menge fabelhafter Dinge, die ihr offensichtlich viel bedeuteten, denn sie strahlte dabei noch mehr, als sie es ohnehin am Herd schon tat. Dann irgendwann holte sie etwas aus ihrem Schlafzimmer. Sie war scheinbar bemüht, denn

sie musste einen großen Gegenstand aus dem höchsten Fach ihrer Garderobe holen. Ich bot ihr natürlich meine Hilfe an, aber sie hieß mich bestimmt, sitzen zu bleiben. Es folgte ein kurzer Moment der Stille und unüberhörbares Aufatmen von Maria. Ich saß immer noch auf dem Stuhl in ihrer Stube, umgeben von Antiquitäten, und hatte nicht die leiseste Ahnung, was genau vor sich ging. Und plötzlich kam sie um die Ecke mit einem gigantischen Kruzifix, das fast ihren gesamten Oberkörper verdeckte. Außer Atem und mit einer entschlossenen Selbstverständlichkeit meinte sie lediglich: »Und des isch's Kreiz, wenn donn dr Pforrer kimp!«, »Und da ist das Kreuz, wenn dann der Pfarrer kommt!«. Diese scheinbar ewig junge Frau hatte tatsächlich bereits daran gedacht, was mit ihr geschehen sollte, sobald ihr Leben sich dem Ende zuneigt. Ich hatte nicht damit gerechnet, denn wer gerne

Dinge aus der Vergangenheit sammelt, der erlebt sie normalerweise als zeitliche Erweiterung von sich selbst. Als Wurzeln, die auch bleiben, wenn die Blüte schon längst vergangen ist. Doch Maria kannte beides. Wie die Pharaonen hatte sie das Memento mori vor Augen und sie präsentierte es, wie bis dato alles, was ihr lieb war, mit unbändiger Courage.

Am Ende steht meist die Marende

Ja, da saßen wir dann wieder mal. In der warmen Küche, vor etwas Speck, Käse, Brot und einem Glas Wein, der typischen Südtiroler Marende. Schneeflocken tanzten vor dem kleinen Küchenfenster zu Boden. Marias Söhne schauten nach einem Tag voller langer und harter Arbeit am Hof vorbei und tranken ein Glas Wein mit uns. Dann kamen die Enkel dazu und verpassten alle einzeln ihrer Großmutter einen liebevollen Kuss auf die Wange. Dieser Liebesbeweis provozierte einen weiteren und Maria holte die noch warmen Strauben aus dem Herd. Strahlende Kinderaugen nahmen sie entgegen und in kürzester Zeit waren sie vernascht, gefolgt von einer dankenden Umarmung für Nana Maria. Schließlich setzte sich auch ihr Mann Enrico zu uns an den Tisch und erzählte von seiner Liebe zur Pferdezucht, von der Zeit, in der die beiden hundert Leute aus jener kleinen Küche mit Holzherd bewirtet hatten, und von dem Jéunn, einer Pilgerwanderung, die alle drei Jahre von den Männern der ladinischen Gemeinde zum Kloster Säben bei Klausen praktiziert wird. Dabei wird drei Tage am Stück mindestens zehn Stunden lang gewandert und gebetet. Nicht nur ein Zeichen des Glaubens, sondern auch von Zusammenhalt, meinte Enrico stolz. Während dieser spannenden Erzählung verputzte er ebenfalls einen üppigen Teller voller Strauben und erzählte mit Inbrunst und Leidenschaft. Darüber wurde es Abend und es war Zeit aufzubrechen, auch wenn uns Maria nun um jeden Preis überreden wollte, zumindest bis zum Abendessen zu bleiben. Wir mussten aber weiter, und obwohl wir uns das erste Mal gesehen hatten, trennten wir uns mit dem Versprechen, uns gegenseitig baldigst wieder einen Besuch abzustatten.

Das war meine Erfahrung mit der Minderheit in der Minderheit außerhalb des ladinischen Fernsehens. Mit der magischen Verschmelzung zwischen Schüler und Meisterin. Mit der Auseinandersetzung zwischen der ewigen Jugend und der Vergänglichkeit. Mit dem Stolz einer wahrhaftigen Sippe.

20*C+M+B+24
N° 18

Die besten Strauben

Der Titel birgt keine falschen Versprechungen: Maria macht tatsächlich die besten Strauben, die ich je gegessen habe. Ihr Geheimnis ist dabei genug Salz im luftigen Teig und ein bisschen Vanille für ein feines Aroma. Wer übrigens keinen originalen Strauben-Trichter besitzt, kann genauso gut einen normalen Küchen-Trichter verwenden. Kommt dabei jedoch dem heißen Fett nicht zu nahe!

⌛ 30 MINUTEN

FÜR 4 PERSONEN

100 ml eiskaltes Bier
150 ml Milch
Salz
2 EL Zucker
200 g Mehl
1 TL Backpulver
2 Eier
Mark von ½ Vanilleschote
20 ml Schnaps (alternativ Rum)
Öl oder Butterschmalz zum Ausbacken
Puderzucker zum Servieren
Preiselbeermarmelade oder Apfelmus zum Servieren

ZUBEREITUNG

Vermischt das kalte Bier und die kalte Milch mit 1 kräftigen Prise Salz und dem Zucker. Wichtig ist, dass beides sehr kühl ist, denn nur so bleiben mehr Bläschen im Teig erhalten. Siebt das Mehl und das Backpulver schrittweise in das Milch-Bier-Gemisch und rührt dabei vorsichtig mit einem Schneebesen, bis eine homogene Masse entsteht.

Trennt nun die Eier. Gebt das Eigelb und das Mark der Vanilleschote zusammen mit dem Schnaps zum Bierteig. Der Schnaps soll dafür sorgen, dass eure Strauben beim Backen nicht zu viel Fett aufsaugen. Schlagt das Eiweiß zu festem Eischnee und hebt ihn vorsichtig unter die Teigmasse. Lasst den Teig 5 Minuten ruhen.

Erhitzt danach das Frittierfett in einer großen Pfanne mit mindestens 30 cm Durchmesser auf 175 °C. Die Strauben müssen nachher frei im Fett schwimmen und dürfen ja nicht den Pfannenboden berühren. Gebt ein Viertel des Teigs in einen Strauben- oder Küchen-Trichter und verschließt dabei die Öffnung mit eurem Zeigefinger. Haltet dann ein Sieb über die Pfanne, lasst den Teig durch das Trichterloch austreten und zeichnet damit Kreise in das Frittierfett. Verbraucht dabei den gesamten Teig im Trichter und nutzt den gesamten Boden der Pfanne, bis ihr eine perfekte Spirale (bzw. Gitter) geformt habt. Nach wenigen Sekunden ist die Straube auf der Unterseite goldbraun und kann vorsichtig mit zwei Gabeln gewendet werden. Frittiert sie nun 1 weitere Minute und gebt sie anschließend sehr vorsichtig auf ein Küchenpapier zum Abtropfen. Verfahrt mit dem Rest des Teiges ebenso, bis er verbraucht ist.

Serviert die Strauben mit etwas Puderzucker und reichlich Marmelade oder Apfelmus.

Funfact

Strauben werden in Südtirol meist an Feiertagen zubereitet. In meiner Heimatstadt Glurns ist dies am Palabirnen-Sonntag sehr üblich und häufig sind es auch hier die Bäuerinnen, die diese Köstlichkeit mitten auf dem Stadtplatz anbieten. Dabei bildet sich eine riesige Schlange von hungrigen Leuten in Festtagskleidung, die gespannt auf diesen »Südtiroler Doughnut« warten.

Saurer Kalbskopf

Mein Großvater aß ihn für sein Leben gern, jedoch meistens alleine. Dem Rest der Familie war diese Sülze, die vor allem aus den Gesichtsmuskeln des Kalbs hergestellt wird, etwas suspekt. Ähnlich wie bei vielen anderen Dingen verstehe ich jedoch mittlerweile die Leidenschaft meines Großvaters: Elegante Hausmannskost, kreativer Verwertergeist und vollster Geschmack haben auch mich zu einem dieser Fans gemacht, die ihr Tellerchen nicht hergeben möchten.

10 MINUTEN

FÜR 4 PERSONEN

350 g gegarter Kalbskopf (vom Metzger)
100 ml Gemüse- oder Fleischsuppe (alternativ Wasser und etwas Sojasauce)
1 rote Zwiebel, in dünne Scheiben geschnitten
1 TL Senf
8 EL gutes Olivenöl
6 EL Weißweinessig
Salz
4 Radieschen
1 Handvoll Kresse oder Salat nach Wahl zum Bestreuen

ZUBEREITUNG

Idealerweise lasst ihr den Kalbskopf von eurem Metzger in dünne Scheiben schneiden. Ansonsten könnt ihr dies auch selbst mit einer Aufschnittmaschine oder einem scharfen Messer und sehr viel Geduld erledigen.

Erhitzt die Suppe. Gart die Zwiebel darin 30 Sekunden, um ihr die aggressive Schärfe zu nehmen und den Geschmack der Suppe zu intensivieren. Rührt dann den Senf ein und lasst alles leicht abkühlen.

Verteilt nun die Kalbskopfscheiben auf flache Teller und verteilt die Zwiebelringe darauf. Schmeckt sogleich mit gutem Olivenöl, Essig und etwas Salz ab.

Kurz vor dem Servieren gießt ihr die leicht warme Suppe über das Fleisch, dadurch schmilzt die natürliche Gelatine und das Fleisch wird angenehm zart. Hobelt oder schneidet schließlich die Radieschen in feine Scheiben. Bestreut das Gericht damit sowie mit der Kresse oder dem Salat. Reicht am besten ein Stück gutes Brot dazu.

Tipp
Ihr könnt übrigens auch ein fantastisches Wiener Schnitzel aus dem Kalbskopf herstellen. Schneidet ihn dafür in etwa 5 mm dicke Scheiben, paniert ihn mit Mehl, Ei und Semmelbröseln und serviert ihn mit Kartoffelsalat als Festmahl.

Spinat- und Rohnenknödel

Es gibt so manche Version der allseits beliebten Knödel in Südtirol, und während ich sie am liebsten in Dampf gare, werden sie im Osten des Landes meistens gebraten oder in Wasser gekocht. Jeder hat halt so seine Version und schmecken tun sie alle gut.

30 MINUTEN | GARZEIT: 15 MINUTEN

FÜR 4 PERSONEN

6 EL Butter
1 Zwiebel, fein gehackt
150 g altbackenes Weißbrot plus etwas mehr nach Bedarf
60 ml Milch plus mehr nach Bedarf
2 Eier
80 g schmelzfähiger Hartkäse
2 EL Mehl
frisch geriebene Muskatnuss
Salz
2 EL gehackte Petersilie
100 g Spinat, gekocht und zerkleinert (siehe Rezept »Cajinci Arstis« Seite 32)
100 g Rote Bete (Rohnen), gekocht und püriert (gekochte Bete und etwas Wasser mit einem Pürierstab püriert)
4 EL geriebener Parmesan
frisch gemahlener Pfeffer

ZUBEREITUNG

Erhitzt 2 EL Butter in einer Pfanne und schwitzt die Zwiebel darin an, bis sie glasig und weich ist. Schneidet das Brot in 1 cm große Würfel und gebt sie in eine große Schüssel. Mischt die Zwiebel, die Milch und die Eier unter und lasst alles 5 Minuten ziehen. Schneidet dann den Käse in kleine Würfel und gebt ihn gemeinsam mit dem Mehl, etwas Muskat, 1 Prise Salz und der Petersilie zur Brotmasse.

Teilt nun den Knödelteig in zwei Hälften. Gebt in eine Hälfte den Spinat, in die andere die Bete und mischt beides separat kräftig mit den Händen durch. Der Teig sollte dabei »schmatzen«, dann stimmt die Konsistenz. Falls er dafür zu trocken oder zu weich sein sollte, jeweils etwas Milch oder Brot nach Bedarf hinzufügen.

Befeuchtet nun eure Hände mit kaltem Wasser, nehmt jeweils eine tennisballgroße Menge Teig und formt daraus zwischen euren Handflächen, die ihr kreisförmig in die jeweils entgegengesetzte Richtung bewegt, einen Knödel. Dabei sollte eine womöglich perfekte Kugel entstehen. Falls dies auf Anhieb nicht klappt, einfach weiterprobieren, Übung macht den Meister. Siedet die Knödel in köchelndem Salzwasser 15 Minuten.

Erhitzt in der Zwischenzeit die restliche Butter, bis sie goldbraun ist. Richtet die fertig gegarten Knödel an, gebt den Parmesan darüber und glasiert ihn samt den Knödeln mit der heißen Butter. Perfekt dazu passt jeglicher frischer Salat.

Tipp
Um die Rohnenknödel so pink wie möglich hinzubekommen, zahlt es sich aus, zwei verschiedene Siedewasser vorzubereiten und in das der Rohnenknödel etwas Rote-Bete-Saft hinzuzufügen.

Schlutzkrapfen mit Brennnesselfüllung

Diese spezifisch südtirolerische Version der Mezzelune oder Halbmond-Ravioli gehört zu den beliebtesten Gerichten in meinem Traditionswirtshaus Steinbock in Glurns. Im Unterschied zum Klassiker ersetzen wir in der Füllung den Spinat durch Brennnesseln und geben etwas Zitronenabrieb dazu. Das Ergebnis ist etwas aromatischer und sehr frisch.

1 STUNDE

FÜR 4 PERSONEN

Für den Teig

150 g Weizenmehl Type 00 plus etwas mehr zum Arbeiten
100 g Roggenmehl
2 Eier
2 EL lauwarmes Wasser
1 Prise Salz

Für die Füllung

½ Zwiebel, in sehr feine Würfel geschnitten
1 EL Butter
400 g junge Brennnesselblätter
Salz
100 g Ricotta
2 EL geriebener Parmesan
Abrieb von 1 unbehandelten Zitrone
1 EL Olivenöl
frisch gemahlener Pfeffer
frisch geriebene Muskatnuss

Für das Topping

50 g braune Butter
4 EL geriebener Parmesan
2 EL feine Schnittlauchröllchen

ZUBEREITUNG

Gebt die Zutaten für den Teig in die Rührschüssel einer Küchenmaschine und vermengt alles mit dem Knetaufsatz auf niedrigster Stufe 5 Minuten. Dabei sollte ein homogener und sehr fester Teig entstehen. Falls der Teig nicht das ganze Mehl aufgenommen hat und bröckelig wirkt, könnt ihr zusätzlich etwas warmes Wasser hinzufügen. Deckt den fertigen Teig mit Frischhaltefolie zu und lasst ihn 30 Minuten im Kühlschrank ruhen.

Schwitzt für die Füllung die Zwiebel in der Butter in einem großen Topf an, bis sie glasig und weich ist. Gebt dann sogleich die Brennnesseln hinzu, salzt kräftig und setzt einen Deckel auf den Topf. Gart die Brennnesseln bei mittlerer Temperatur, bis sie zwei Drittel ihres Volumens verloren haben. Lasst sie anschließend komplett abkühlen.

Vermischt in der Zwischenzeit den Ricotta, den Parmesan, den Zitronenabrieb und das Olivenöl.

Drückt die überschüssige Flüssigkeit aus der Brennnesselmischung und hackt alles mit einem Messer fein. Vermengt dies mit der Ricottamasse. Würzt zuletzt entschlossen mit Salz, Pfeffer und Muskat.

Rollt den Teig nun mit einer Pastawalze etwa 2 mm dünn aus (meist vorletzte Stufe). Schneidet daraus mit einem kreisförmigen Ausstecher wie beim Keksebacken mit so wenig Zwischenräumen wie möglich Kreise aus. Gebt auf die Mitte der Kreise walnussgroße Kugeln der Füllung (ihr könnt dafür zwei Löffel oder auch einen Spritzbeutel verwenden). Bepinselt die Teigränder mit etwas Wasser. Klappt die Ränder präzise wie ein Buch zusammen, sodass aus den Kreisen kleine, geschlossene Halbmonde entstehen. Drückt den Teig mit euren Fingern rund um die Stellen mit der Füllung gut an. Legt die Halbmonde auf ein bemehltes Brett. Deckt sie mit einem Küchentuch zu und wiederholt diesen Prozess, bis ihr Teig und Füllung aufgebraucht habt.

Kocht die Schlutzkrapfen in leicht siedendem Salzwasser 3–4 Minuten. Serviert sie dann mit einem Topping aus brauner Butter, geriebenem Parmesan und Schnittlauch.

Erdäpfelblattln mit gedünstetem Kraut

Oft sind die einfachsten Dinge die besten. So verhält es sich auch mit den Erdäpfelblattln (wörtlich »Kartoffelblätter«), die vor allem im Osten Südtirols zwischen Eisack- und Pustertal zubereitet werden. Klassisch serviert man dazu schmackhaftes Kraut – im Sommer wie im Winter.

20 MINUTEN

FÜR 4 PERSONEN

Für das gedünstete Kraut

1 Zwiebel, in feine Würfel geschnitten
1 EL Butter
1 Spitzkohl
Salz
50 ml Essig
frisch gemahlener Pfeffer
1 Lorbeerblatt
1 TL Kümmelsamen

Für die Blattln

600 g mehligkochende Kartoffeln (Erdäpfel), gekocht (sie können auch vom Vortag sein)
450 g Mehl plus etwas mehr zum Arbeiten
2 Eier
50 g geschmolzene Butter
Salz
frisch geriebene Muskatnuss
Öl oder Butterschmalz zum Ausbacken

ZUBEREITUNG

Schwitzt für das Kraut die Zwiebel in der geschmolzenen Butter bei niedriger Temperatur an, bis sie weich und glasig ist. Schneidet oder hobelt den Spitzkohl zu dünnen Streifen und gebt diese zur Zwiebel. Erhöht die Temperatur, salzt kräftig und löscht mit dem Essig ab. Gart alles im Essigdampf zugedeckt 1 Minute.

Nehmt danach den Deckel ab. Nun sollte genügend Flüssigkeit ausgetreten sein und ihr könnt mit Pfeffer, Lorbeer und Kümmel abschmecken. Dünstet das Kraut bei mittlerer Temperatur weiter, bis beinahe die gesamte Flüssigkeit ausgetreten ist. Stellt es anschließend warm.

Drückt für die Blattln die Kartoffeln durch die Kartoffelpresse und häuft die Masse auf. Siebt das Mehl darüber, am besten macht ihr das auf einer geräumigen Arbeitsfläche. Formt nun oben in der Mitte der Kartoffel-Mehl-Masse eine Mulde. Gebt dort die Eier und die geschmolzene Butter hinein. Würzt kräftig mit Salz und Muskat. Arbeitet euch dann von innen nach außen durch die Masse, bis ein homogener Teig entstanden ist.
Rollt den Teig auf einer bemehlten Arbeitsfläche sehr dünn aus (1–2 mm). Stecht daraus Kreise in der Größe eurer Wahl aus (auch nicht so schöne Exemplare schmecken gut). Wiederholt diesen Vorgang so lange, bis der ganze Teig aufgebraucht ist.

Erhitzt reichlich Öl oder Butterschmalz in einer Pfanne auf etwa 170 °C. Backt darin die Blattln etappenweise auf beiden Seiten aus, bis sie goldbraun und fluffig sind. Legt sie danach sogleich auf Küchenpapier und salzt erneut leicht.

Serviert die Blattln mit dem Kraut und fühlt euch sehr, sehr wohl dabei!

Cajinci Arstis – Gebackene Kartoffelteigtaschen

Hier ein absolutes Original des Runch Hofs und der ladinischen Küche. Ich muss zugeben, dass ich dieses Gericht vor der Recherche für dieses Buch nicht kannte. Seine Entdeckung durch Maria war deshalb umso mehr ein Aha-Erlebnis. Ravioli, wie ihr sie wahrscheinlich noch nie hattet!

1 STUNDE

FÜR 4 PERSONEN

Für die Füllung
½ Zwiebel, gehackt
1 EL Butter
400 g frischer Spinat
Salz
150 g Quark oder Ricotta
3 EL geriebener Parmesan
frisch gemahlener Pfeffer
frisch geriebene Muskatnuss

Für den Teig
25 g frische Hefe
200 ml lauwarme Milch
200 g Kartoffeln
20 g Butter
Salz
4 Eier
250 g Mehl plus etwas mehr zum Arbeiten
125 g Sahne
Öl zum Ausbacken

Tipp
Die Kartoffelteigtaschen eignen sich übrigens wunderbar als Party-Snack. Ihr könnt dafür auch gerne die Füllung variieren: Schmelzkäse und Speck sowie Marmelade oder Haselnusscreme machen sich gut im innen fluffigen, außen knusprigen Teig.

ZUBEREITUNG

Schwitzt für die Füllung die Zwiebel in der Butter bei niedriger Temperatur 5 Minuten an. Gebt dann sogleich den Spinat und 1 Prise Salz dazu. Dünstet alles 5 weitere Minuten, bis der Spinat um die Hälfte seines anfänglichen Volumens zusammengefallen ist. Gießt überschüssige Flüssigkeit ab, hackt die Masse grob und lasst sie einige Minuten abkühlen.

Fügt danach Quark oder Ricotta und den Parmesan hinzu. Schmeckt mit Salz, Pfeffer und etwas Muskat ab. Vermengt die Masse gründlich und stellt sie kühl.

Löst für den Teig die Hefe in der lauwarmen Milch auf und lasst sie an einem warmen Ort 90 Minuten aufgehen.

In der Zwischenzeit die Kartoffeln kochen, pellen und durch die Kartoffelpresse drücken. Mit Butter, Salz, Eiern, Mehl, Sahne und der aufgegangenen Hefe-Milch-Mischung in einer großen Schüssel zu einem Teig verrühren. Knetet den Teig kräftig einige Minuten, sodass eine homogene Masse entsteht, die zudem nicht zu klebrig sein sollte. Ihr könnt dafür auch eine Rührmaschine mit Knetaufsatz auf der niedrigsten Stufe verwenden.
Rollt nun den Teig 5 mm dick auf einer bemehlten Arbeitsfläche aus und stecht daraus kleine Kreise aus. Wiederholt diesen Arbeitsschritt so lange, bis der Teig aufgebraucht ist.

Gebt dann jeweils 1 EL Füllung auf eine Teigkreishälfte und klappt die Taschen vorsichtig so zu, dass ein Halbkreis entsteht, und drückt die Ränder sorgfältig mit den Fingerspitzen zu. Lasst die Teigtaschen an einem warmen Ort etwa 1 Stunde aufgehen.

Frittiert sie zuletzt von beiden Seiten im 170 °C heißen Öl, bis sie goldbraun sind. Lasst sie anschließend auf etwas Küchenpapier abtropfen.

Serviert die Teigtaschen pur – oder reicht etwas Tomatensauce dazu.

Unser »Roast Dinner«

Feierlichkeiten sind einfach schön. Wir lieben Feste, weil dabei vieles anders ist als sonst: die Menschen, die Kleidung, die Musik und nicht zuletzt auch das Essen. Das folgende Gericht hat für uns daheim einen unglaublichen Stellenwert. Falls nicht zu Weihnachten, dann gibt es diesen Schmaus zumindest an einem Sonntag, an dem sich die ganze Familie am Esstisch versammelt hat. Alle kochen, alle essen und alle reden darüber. Logisch, nicht?

1 STUNDE | GARZEIT IM BACKOFEN: 7 MINUTEN

FÜR 6 PERSONEN

Für das Blaukraut

1 Zwiebel, gehackt
Öl zum Anschwitzen
1 kleiner Kopf Rotkohl (Blaukraut)
1 Knoblauchzehe, gehackt
200 ml Kirsch- oder Apfelsaft
frisch gemahlener Pfeffer
½ Zimtstange
1 EL Kümmelsamen
2 EL Preiselbeermarmelade
Salz
ein kleines Stück Butter

Für die Schupfnudeln

500 g mehligkochende Kartoffeln
150 g Mehl plus etwas mehr zum Arbeiten
2 Eier
Salz
frisch geriebene Muskatnuss
braune Butter zum Schwenken

ZUBEREITUNG

Schwitzt für das Blaukraut die Zwiebel in etwas Öl in einem großen Topf an. Schneidet den Kohl in dünne Streifen, perfekt funktioniert dafür auch eine Küchenmaschine mit Hobelaufsatz. Gebt den Knoblauch zusammen mit dem Kohl in den Topf. Salzt kräftig und dünstet alles unter ständigem Rühren, bis der Kohl um die Hälfte seines Volumen zusammengefallen ist.

Löscht dann mit dem Kirsch- oder Apfelsaft ab. Gebt etwas Pfeffer, die Zimtstange und den Kümmel dazu und lasst alles halb zugedeckt etwa 15 Minuten köcheln. Wenn der Kohl schön sämig geworden ist, jedoch immer noch Biss hat, die Preiselbeermarmelade und Butter dazugeben. Das Blaukraut ist nun fertig und kann zum Servieren jederzeit mit etwas Wasser erwärmt werden.

Für die Schupfnudeln die Kartoffeln in Wasser oder im Dampfgarer garen, bis sie sehr weich sind. Pellt sie danach und drückt sie durch eine Kartoffelpresse oder Flotte Lotte. Häuft die Kartoffelmasse auf und formt oben in der Mitte eine Mulde. Gebt dort das Mehl, die Eier, 1 kräftige Prise Salz und Muskat nach Belieben hinein. Knetet alles gut durch, bis ein fester Teig entstanden ist.

Bemehlt die Hände, nehmt ein walnussgroßes Stück Teig und formt daraus durch Drehbewegungen mit den Handflächen 5 cm lange Nudeln, die an den Enden spitz zulaufen. Wiederholt diesen Prozess, bis der Teig aufgebraucht ist.

Für das Fleisch und die Rotweinsauce
900 g Hirsch- oder Rehrücken, im Ganzen, Sehnen entfernt
neutrales Pflanzenöl zum Anbraten
Salz
frisch gemahlener Pfeffer
2 Zwiebeln, in Viertel geschnitten
2 Karotten
1 Stange Staudensellerie
1 EL Tomatenmark
500 ml kräftiger Rotwein (z. B. Lagrein, Merlot o. Ä.)
1 Bund Rosmarin
Butter zum Anbraten
Samenöl zum Anbraten

Kocht die Schupfnudeln in reichlich Salzwasser. Sobald sie an die Wasseroberfläche schwimmen, sind sie gar. Nehmt sie heraus, schwenkt sie in etwas brauner Butter und fertig sind sie.

Bratet für das Fleisch und die Rotweinsauce das Fleisch in einer sehr heißen Pfanne mit wenig Öl an, bis sich auf allen Seiten eine schöne Kruste gebildet hat. Würzt den Rücken mit Salz und Pfeffer. Lasst ihn im Backofen bei 160 °C (Ober-/Unterhitze) etwa 7 Minuten garen. Verwendet ein Fleischthermometer und strebt eine Kerntemperatur von 52 °C an, das ist die Garstufe Medium. Nehmt den Rücken dann sogleich aus dem Ofen und lasst ihn bei Zimmertemperatur mindestens 5 Minuten ruhen.

In der Zwischenzeit das Gemüse vierteln und in derselben Pfanne, in der ihr das Fleisch angebraten habt, kräftig anbraten. Fügt dann das Tomatenmark hinzu. Bratet das Gemüse weiter, bis sich das Mark dunkelbraun gefärbt hat. Löscht nun mit dem Rotwein ab. Gebt den Rosmarin dazu. Lasst die Sauce köcheln bzw. reduziert sie, bis sie eine sirupartige Konsistenz aufweist. Schmeckt die Sauce zuletzt mit Salz und Pfeffer ab und passiert sie durch ein feines Sieb.

Bratet nun das Fleisch erneut in etwas schäumender Butter an und schneidet es in 2 cm dicke Scheiben. Serviert es zusammen mit der Sauce, den geschwenkten Schupfnudeln und dem Blaukraut für eine unvergessliche Mahlzeit.

Gebratene Kalbshaxe

Ein typisches Festtagsessen in Südtirol ist natürlich der Braten. Es ist eine einfache und kluge Methode, um große Fleischteile zu verwenden und viele hungrige Mägen zu füllen. Zudem eignen sich meiner Meinung nach die etwas weniger »prestigereichen« Stücke umso besser, denn nur durch einen gewissen Fettanteil bleibt das Fleisch saftig und wird unheimlich zart. Hier meine Version eines Klassikers des Runch Hofs: die Kalbshaxe.

20 MINUTEN | GARZEIT IM BACKOFEN: 3,5 STUNDEN

FÜR 6 PERSONEN

2 Karotten
1 Stange Staudensellerie
2 Zwiebeln, in ca. 3 cm große Stücke geschnitten
1 EL Tomatenmark
1 Knoblauchknolle, quer durchgeschnitten
Samenöl zum Anbraten
1 ganze Kalbshaxe (800–1000 g)
500 ml Weißwein
1 EL Senf
1 EL geräuchertes Paprikapulver
1 TL Koriandersamen
1 TL frisch gemahlener Pfeffer
1 TL Fenchelsamen
½ EL Salz
1 EL gehackter Thymian

ZUBEREITUNG

Schneidet die Karotten und den Stangensellerie in etwa 3 cm große Stücke (ihr müsst dabei nicht sehr genau sein). Mariniert das vorbereitete Gemüse inklusive der Zwiebeln mit dem Tomatenmark. Gebt dann alles mit der Knoblauchknolle in eine feuerfeste Auflaufform. Dies bildet die geschmacksgeladene Basis für die Bratensauce und schützt das Fleisch zudem vor der direkten Hitze des Bodens der Auflaufform.

Gebt etwas Öl in eine Pfanne und erhitzt es stark. Bratet die Kalbshaxe darin von allen Seiten an, bis sie goldbraun ist. Nehmt danach die Haxe aus der Pfanne und stellt sie kurz beiseite. Löscht mit dem Wein ab und löst mit einem Holzlöffel den Bratensatz vom Pfannenboden. Fügt die gesamte Flüssigkeit zum Gemüse in der Auflaufform hinzu.

Bepinselt nun die Haxe mit dem Senf. Mahlt alle Gewürze, das Salz und den Thymian in einem Mörser grob und reibt mit diesem Rub die Haxe ein. Legt sie auf das Gemüsebett in die Auflaufform und deckt alles mit einem Deckel oder genügend Alufolie zu. Gart die Haxe im Backofen bei 160 °C (Ober-/Unterhitze) 2,5 Stunden. Entfernt dann den Deckel bzw. die Alufolie und gart die Haxe bei derselben Temperatur 1 weitere Stunde.
Lasst die Haxe anschließend bei Zimmertemperatur mindestens 10 Minuten ruhen. Serviert sie mit der schmackhaften Natursauce, die sich am Boden der Auflaufform gebildet hat – und mit Beilagen eurer Wahl. Der Festschmaus kann beginnen!

Preiselbeermarmelade

Wahrscheinlich die Mutter aller alpenländischen Marmeladen. Mein schwedischer Freund und »flurin«-Barkeeper Sam glaubte lange Zeit, dass Preiselbeeren nur in Skandinavien wachsen. Genüsslich nahm ich ihn dann einmal zum Beerensammeln mit in die Berge. Zwar etwas mühevoller als bei ihm in der Ebene, aber die Beeren sind im Geschmack unübertrefflich.

40 MINUTEN

FÜR 4 EINMACHGLÄSER (À 200 G)

1 kg frische Preiselbeeren
400 g Zucker
Saft und Abrieb von 1 unbehandelten Zitrone

ZUBEREITUNG

Reinigt die Preiselbeeren so lange gründlich in kaltem Wasser, bis keine Rückstände von Laub oder Erde mehr zurückbleiben.

Kocht die Beeren mit dem Zucker, einem Spritzer Wasser, dem Zitronenabrieb und dem Zitronensaft langsam zugedeckt auf. Rührt hin und wieder mit einem Holzlöffel um, um sicherzugehen, dass nichts anbrennt. Lasst die Marmelade 15 Minuten sanft köcheln.

Füllt die Marmelade anschließend in sterilisierte Einmachgläser. Abkühlen lassen und an einem dunklen und kühlen Ort aufbewahren. Das Naschen kann nach dem Abkühlen jederzeit beginnen!

Funfact
Preiselbeeren enthalten das natürliche Konservierungsmittel Salicylsäure und müssen deshalb nicht mit übermäßig viel Zucker oder Zitronensäure versetzt werden. Zudem enthalten sie auch genügend natürliches Pektin, weshalb kein Geliermittel gebraucht wird.

Ein Winter-Obstsalat

In Marias Tal gibt es die berühmte »Gran Risa«, eine Skipiste, die weltbekannt wurde, weil sie seit Langem zu den technisch anspruchsvollsten Pisten im Ski-Weltcup gehört. Gleich daneben gibt es jedoch noch eine Attraktion: das Hotel Armentarola, in welchem Maria auch viele Jahre gearbeitet hat. Ironischerweise ist das Lokal dafür bekannt, dass es dort inmitten des Winterparadieses einen vortrefflichen Obstsalat gab und gibt, der in unglaublichen Mengen von den Gästen bestellt wird. Da Winter und gutes Obst bei uns oft eine schwierige Kombination darstellen, habe ich versucht, eine zeitgemäße Variante dieses Winter-Obstsalats zu kreieren. Dann fehlen auch an den Schneetagen nicht die nötigen Vitamine.

10 MINUTEN

FÜR 4 PERSONEN

1 unbehandelte Zitrone
1 unbehandelte Orange
1 Grapefruit
1 EL Zucker
1 EL natives Olivenöl
4 Minzblätter, in dünne Streifen geschnitten
1 Apfel
1 reife Kiwi

ZUBEREITUNG

Reibt die äußeren Zesten von Zitrone und Orange ab und legt sie beiseite. Schneidet nun die kompletten weißen Schalenbestandteile der Zitrusfrüchte mit einem Messer ab, um an das Fruchtfleisch zu gelangen. Dort seht ihr die verschiedenen Segmente der Frucht, die wie Längengrade von Nordpol zu Südpol verlaufen. Schneidet mit einem Messer dieses reine Fruchtfleisch heraus und gebt es in eine Schüssel.

Ihr verbleibt dann mit der weißen Zitrushaut. Drückt den darin verbliebenen Saft aus und gebt ihn zusammen mit dem Zucker und dem Olivenöl zu den Zesten. Vermischt diese Marinade gut. Gebt schließlich die Minzblätter dazu.

Schneidet den Apfel und die geschälte Kiwi in mundgerechte Stücke. Gebt sie zusammen mit der Fruchtmarinade zu den Zitrusfilets.

Vermischt alles gründlich zu einem Obstsalat und serviert ihn am besten mit nostalgischem Geschirr.

Tipp

Als alternatives Obst eignen sich im Spätherbst und Winter übrigens auch winterfeste Birnen und Kaki-Äpfel, Quittenkompott oder eingelegte Früchte aller Art.

Oma Touna

Taufers im Münstertal – Vinschgau

Beherrscht euch!

Diese heimelige Küche, von der ich zu Beginn des Buches gesprochen habe, ist die meiner Oma Antonia, von allen Touna genannt. Vielleicht kennen sie einige von euch noch aus meinem letzten Buch. Sie ist die Überlebenskünstlerin, die es schaffte, vier Kinder unter sehr schwierigen Bedingungen großzuziehen. Das Dorf Taufers im Münstertal liegt auf fast 1300 Metern über dem Meeresspiegel. Die Winter dort sind lang, damals noch wesentlich länger als heute. Meine Oma hatte Ziegen, Schweine, Hühner, einen Kartoffelacker und einen großen Gemüsegarten. Das waren ihre Ressourcen, ihre komplette Verantwortung, alles, was ihr und der Familie zum Überleben zur Verfügung stand. Erschwerend kam hinzu, dass mein Großvater Luis, der zwar stets ein hart arbeitender, gutmütiger Mensch war, jedoch sein großes Herz und sein Gehalt vor allem im Wirtshaus »ausschüttete«. Touna hatte deshalb ein geheimes Abkommen mit dem Briefträger des Dorfes, den sie dazu verpflichtet hatte, das monatliche Gehalt ihres Mannes direkt und an sie persönlich zu überreichen. Besser Letzterem ging im Wirtshaus das Geld aus als ihr die Mittel, um ihre Kinder zu versorgen. Man musste sich halt zu helfen wissen, wenn man eine Frau in jenen Zeiten war.

Schwierige Bedingungen war meine Oma immerhin schon aus ihrer Kindheit gewohnt. Sie kannte den Hunger und die Not zur Genüge. Dem hinzu kam so mancher Schicksalsschlag. Ihre leibliche Mutter verstarb bei der Geburt des siebten Kindes (die kleine Touna war damals sieben Jahre alt) und auf sie folgte eine Stiefmutter, die, um es höflich auszudrücken, nicht sehr große pädagogische Qualitäten vorweisen konnte. Zudem hatte die kleine Touna einen autistischen Bruder namens Lorenz, der während der NS-Zeit deportiert wurde und folglich dem sogenannten Euthanasie-Programm zum Opfer fiel. Als die Geschwister Tränen für ihr Brüderchen vergossen, meinte die Stiefmutter lediglich, man habe sich zu beherrschen, denn alles wäre nun besser so. Der richtige Filter für das Instagram-Selfie zählte somit eindeutig nicht zu den größten Problemen meiner Oma, wenn ihr wisst, was ich meine.

Und es war schon wieder Sonntag …

Da Tounas Stiefmutter und auch ihr Vater kein großes Interesse daran hatten, diese ganze Schar von Kindern aufzuziehen, wurden die jüngsten Sprösslinge der Familie an Verwandte und Nachbarn im Dorf »verteilt«. Das achtjährige Mädchen landete dabei bei ihrer Tante, »Touta«, die selbst keine Kinder hatte und gut für sie sorgte.

Das Mädchen wuchs zu einer Frau heran und heiratete schließlich einen charmanten jungen Mann, der im Sommer den langen Weg von Plaus nach Taufers (immerhin fast 60 Kilometer) auf sich nahm, lediglich um ihr ein paar frische Erdbeeren aus dem Garten zu bringen. Und das alles mit einem rostigen Fahrrad, ohne E-Motor, versteht sich.

Die besagte Tante hingegen alterte und wurde durch eine Querschnittslähmung zum Pflegefall. Touna umsorgte sie daraufhin für fünf Jahre, wiederum in einer Realität, in der es weder Aufzüge noch Rollstühle gab. Ein Liebesbeweis für jemanden, der ihr ein Heim und Schutz bot, in einer Zeit, in der sie dies am meisten benötigte. Die letzte gute Tat der »Touta« bestand darin, dass sie ihrer Neffin, die für sie zum eigenen Kind geworden war, ihr gesamtes Hab und Gut vererbte: das Haus, den Stall, den Garten und den Acker. Touna gründete dort ihre Familie und das Glück (oder in ihrer Gedankenwelt wohl eher der Herrgott und Schutzengel) war wieder auf ihrer Seite.

Nun wollte sie es anders machen. Sie wollte ihren Kindern ein echtes Heim geben, so wie sie es nie gehabt hatte. Ihr Mann Luis verließ sie dann zu früh, Lungenkrebs war die Ursache. Hier konnte sie selbst im Herrgott keinen Schuldigen mehr finden, denn der gute Luis war quasi nie ohne Zigarette im Mund anzutreffen. Er rauchte im Bett, auf dem Klo, in der Badewanne, überall. Work hard, play hard: Das war sein Motto. Trotz allem hatte Touna auch in ihrer Zeit als Witwe sehr viel Gefallen am Leben. Zwei Töchter und zwei Söhne wuchsen heran und es folgten sieben Enkelkinder. Die Küche gehörte ebenfalls zu den

Freuden meiner Oma: Ihre geheimen Gelüste waren vor allem Kiwis, Exoten, die sie noch nicht lange kannte, und »Mars«. Ja genau, diese extrem süßen und klebrigen Schokoriegel in der schwarz-rot-goldenen Verpackung. Dazu etwas »Zoft« (ihre Aussprache von »Saft«), ein Gemisch aus 50 Prozent Wasser und 50 Prozent Himbeersirup. Bis heute nennen ich und meine Brüder ein Getränk mit einem ähnlich unverschämten Süßegrad »Zoft«, in Gedenken an die schönen Zeiten bei unserer Taufrer Oma.

Und diese schönen Zeiten hatten wir. Jeden Sonntag gehörte ein Besuch bei ihr zum Pflichtprogramm. Man konnte sich darauf verlassen, dass sie stets genügend Speck und Käse, Brot, Wein und eine Kiste Bier im Keller hatte. Und für die Kinder natürlich immer etwas Süßes und nicht zu vergessen Taschengeld, das sie konsequent von ihrer mageren Rente abzwackte. In der Küche wurde ordentlich eingeheizt und alle saßen am Tisch, diskutierten über Gott und die Welt, aßen und tranken glückselig. Oma Touna brachte sich nicht übermäßig ins Gespräch ein. Es genügte für sie, wenn sie alles beobachten konnte: das Leben, das in ihrer sonst so ruhigen Küche einkehrte, durch Menschen, die ihr lieb waren. Wie sie leidenschaftlich gestikulierten, sich wohlfühlten. Wie sie es geschafft hatte, ein Heim zu kreieren, wie sie es selbst nie haben durfte – strotzend vor Wärme und Zusammenhalt –, das war ihr größter Stolz, ihr größtes Werk.

Das ist nicht natürlich!

Ich gebe zu, in letzter Zeit ist Oma Touna etwas weniger verständnisvoll unterwegs. Sie hatte

immer schon einen sturen Kopf und ließ sich nur höchst selten von etwas überzeugen, das mit ihren eigenen Vorstellungen kollidierte. So war sie wenig begeistert, als ich ihr vorschlug, ein paar Kirschen und etwas Zitrone auf ihr berüchtigtes Muas zu geben. Das Muas ist ein Traditionsgericht aus dem Vinschgau, welches sowohl als Frühstück als auch als Abendessen, salzig oder süß zubereitet werden kann. Hauptsächlich braucht es dafür Milch und Hartweizengrieß. Laut Touna sind die beiden wichtigsten Aspekte zudem die Hitzequelle und das Medium. Also der Holzherd und die gusseiserne Pfanne. Beides ist in modernen Küchen leider nicht mehr sehr üblich, aber es macht tatsächlich einen Unterschied aus. Vor allem, weil nur in der gusseisernen Pfanne die sogenannten Raspen entstehen. Sie bezeichnen eine leicht »verbrannte« Schicht am Pfannenboden, die ähnlich wie ein Milchkaramell schmeckt: Vinschger Dulce de leche sozusagen.

Nun zu meinem Sakrileg: Das Muas ist im Prinzip ein Grießpudding, und der kann nach einer bestimmten Menge etwas »flach« im Geschmack werden: Also man isst und es schmeckt sehr gut, aber nach dem zehnten Löffel verliert man ein wenig an Enthusiasmus, weil Geschmack und Konsistenz immer gleichbleibend sind. Deswegen gebe ich gerne ein paar Extras dazu. Und das ist für meine Oma eine Sünde. Sie nimmt es generell sehr genau mit allem, was sie tut. Jedes Ding hat seine Ordnung und ein gutes Essen ist für sie stets ein Resultat von sehr viel Mühe und Genauigkeit. Sie hat damit wohl ziemlich oft recht, aber hie und da braucht es meiner Meinung nach auch etwas Bauchgefühl und Abenteuerlust. Kirschen und Zitrone halt. Ihre Antwort: »Deis isch nicht natirlich!«, »Das ist nicht natürlich!«. Wenn

jemand glaubt, dass ich durch meine Stellung als prämierter Küchenchef irgendwelche Vorzüge am Familienherd genießen würde, hat er sich ganz schön getäuscht. Im Hause Ortler bestimmt das Alter nach wie vor, wer der Küchen-Häuptling ist, und ich bin für meine Oma mit meinen gut 30 Jahren immer noch »'s kloan Thomasl«, »das kleine Thomaschen«. Ihre Entrüstung in Kombination mit dem leicht pessimistischen Zugang zu allem Neuen (ich nenne es den »Grant der Greise«) ging sogar so weit, dass sie mich bat, unbedingt dafür zu sorgen, dass dieses abtrünnige Muas unter keinen Umständen mit ihrem Original und ihrer Person in Verbindung gebracht werden konnte. Sie fürchtete, dass ihre Freundinnen dann glauben würden, sie könne kein traditionelles – ergo »echtes« – Muas kochen. Ich musste ihr es hoch und heilig versprechen und war zuerst etwas irritiert, aber mir insgeheim sicher, dass nur die Gewohnheit und nicht ihr Geschmack so denken konnte.

Ich wagte also ein Experiment: Unter dem Vorwand, ich müsste kurz etwas erledigen, ließ ich sie mit der Pfanne Kirsch-Zitrone-Grießbrei im Raum alleine. In Wirklichkeit begab ich mich in den Garten des Altenheims und beobachtete meine Oma aus sicherer Distanz. Nun saß sie da, neben Jesus Christus und der Jungfrau Maria, und vor ihr das nach Zitronen und Kirschen duftende Muas. Wie in einem Western sah sie ihren Konkurrenten an und dann sogleich der prüfende Blick über die Schulter, um sicherzugehen, dass sie nicht beobachtet würde. Und dann endlich … nahm sie den Löffel in die Hand und probierte einen üppigen Bissen samt Kirsche. Sie verzog leicht das Gesicht, probierte jedoch erneut und erneut, ihr mürrisches Gesicht wurde immer

sanfter. Es kam mir so vor, als sähe sie beim Probieren sehr glücklich aus. Fast so, als würde es ihr eigentlich viel besser schmecken, als sie es jemals eingestehen würde: Das war er, der sture und stolze Touna-Kopf in seiner vollsten Ausprägung. Und ich wollte sie auch nicht mehr darauf ansprechen, denn niemals würde sie zugeben, dass mein neumodisches Muas gut sein konnte. So sind sie halt oft, unsere Omis: Drama Queens mit harter Schale und weichstem Kern, sauer wie eine unreife Kiwi und süß wie ein warmes »Mars« aus dem Handschuhfach.

Und täglich grüßt der Sensenmann ...

Nach dem Muas-Experiment kehrte ich in die Stube zurück und meine Oma legte sogleich den Löffel zur Seite. Dann folgte eine weitere Episode vom »Grant der Greise«. Ich sagte bezüglich meines Kochbuchs zu ihr: »Oma, wenn's Buach nr ferti isch, bring i dr oans mit!«, »Oma, wenn das Buch dann fertig ist, bringe ich dir eine Ausgabe vorbei!«. Darauf sie blitzschnell: »Selm bin i schun toat«, »Da bin ich dann schon tot!«. Klingt ein wenig wie ein britischer Witz, sie meinte es aber mit vollem Ernst, obwohl sie zu jenem Zeitpunkt kerngesund war. Irgendwie haben Menschen ab einem gewissen Alter das Bedürfnis, allen mitzuteilen, dass sie baldigst der Sensenmann holen kommt. Ich bin mir nicht

sicher, ob dies immer so ernst gemeint ist, es klingt für mich vielmehr nach einer Drohung: Man solle sich noch um die Großmutter scheren, auch wenn ein heutiges Leben oft die Illusion vermittelt, dass man dafür keine Zeit hätte.

Dass man keine Zeit hat, stimmt aber nicht – und Blumen machen mehr Freude, wenn sie einer lebendigen Person übergeben werden und nicht auf einem Friedhof auf ihr Grab gelegt werden. Nun bin ich gegen meinen Willen wieder zum Moralprediger geworden, und das, obwohl auch ich selbst mich immer wieder dazu ermahnen muss, meine Großmütter zu besuchen. Aber eines kann ich mit Sicherheit sagen: Ich habe es noch nie bereut. Sie freuen sich über meinen Besuch mehr als jede andere Person auf dieser Welt. Und das ist alles, was zählt.

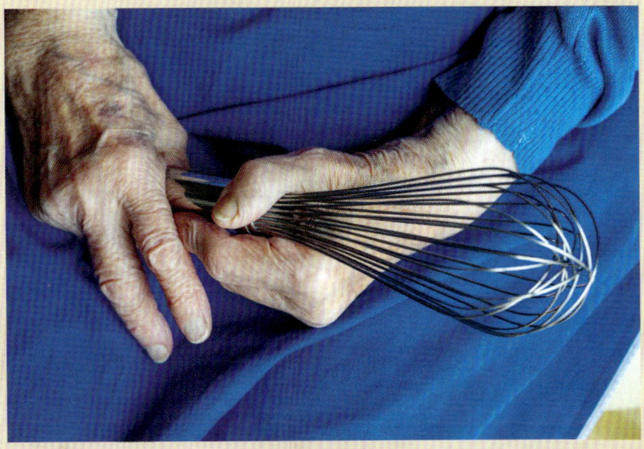

Tounas Muas (und meine abtrünnige Version davon)

Oma Touna bereitete dieses unverwechselbare Traditionsgericht sowohl zum Frühstück als auch für das Abendessen zu. Dabei wurde die große gusseiserne Pfanne in die Mitte des Esstischs gestellt und jeder hatte eine in der Pfanne zugewiesene Stelle, aus der gelöffelt werden durfte. Besonders begehrt waren dabei die Raspen, die karamellisierte Muas-Schicht am Pfannenboden. Um die gab es unter Umständen auch Krieg außerhalb der vorgegebenen Grenzen in der Pfanne. Oma Touna wusste dies natürlich stets zu schlichten, indem sie einfach die nächste Pfanne Muas auf den Tisch stellte.

20 MINUTEN

FÜR 4 PERSONEN

1 l kalte Milch
½ EL Salz
1 EL Zucker
200 g Hartweizengrieß
Zucker und Zimtpulver zum Bestreuen
50 g braune Butter

ZUBEREITUNG

Gebt die kalte Milch in eine große Pfanne mit dickem Boden. Fügt das Salz und den Zucker hinzu. Lasst nun unter ständigem Rühren mit einem Schneebesen langsam und nach und nach den Grieß einrieseln. Das ist die wichtigste Phase im Muas-Kochen, denn hier können ohne die nötige Geduld Klümpchen entstehen.

Rührt nun weiter und bringt das Muas bei mittlerer Temperatur zum Köcheln. Sobald es leicht und keinesfalls zu aggressiv kocht, könnt ihr den Schneebesen auf die Seite legen und das Muas bei niedriger Temperatur 10 Minuten vor sich hin blubbern lassen. In dieser Phase entstehen die zuvor erwähnten Raspen am Pfannenboden, die sollten jedoch goldbraun und nicht schwarz sein – die richtige, gemächliche Temperatur ist also entscheidend. Wenn das Muas die Konsistenz eines Puddings aufweist, ist es fertig und bereit zum Servieren.

Bestreut das Muas mit etwas Zucker und Zimt und gießt die heiße braune Butter darüber. Bewaffnet euch mit einem Löffel und haut rein!

Meine Version:
Da mich das Muas durch seine Konsistenz und den Zimtgeschmack an Crema catalana erinnert, gebe ich schon während des Kochprozesses etwas gute Vanille und abgeriebene Zitronenschale dazu. Zudem serviere ich es gerne mit frischen Beeren, einem Kompott oder mit unwiderstehlichen Amarena-Kirschen.

Luftige Quarknocken

Ein Gericht, das meine Kindheit geprägt hat und vor allem von meiner Mutter mindestens einmal die Woche reproduziert wurde. Am besten schmeckt es mit gedünstetem Kraut (siehe Rezept »Erdäpfelblattln mit gedünstetem Kraut« Seite 30), zu dem ihr nach Wunsch noch etwas knusprigen Speck hinzufügen könnt. So oder auch vegetarisch bleiben die Nocken ein Wohlfühlessen mit wenig Firlefanz.

20 MINUTEN

FÜR 4 PERSONEN

2 weiche Semmeln/Brötchen (ca. 100 g)
4 Eier
80 g weiche Butter
400 g Quark
frisch geriebene Muskatnuss
Salz
frisch gemahlener Pfeffer
80 g Mehl
4 EL braune Butter
4 EL geriebener Parmesan
1 EL feine Schnittlauchröllchen

ZUBEREITUNG

Schneidet die Semmeln in kleine Würfel und schlagt die Eier auf. Vermischt beides miteinander und lasst die Masse einige Minuten ziehen.

Schlagt in der Zwischenzeit die Butter auf, bis sich ihr Volumen verdoppelt hat. Vermischt die Butter dann vorsichtig mit dem Quark. Würzt mit reichlich Muskat, wenig Salz (bedenkt, das Brot ist schon gesalzen) und Pfeffer.

Vermischt nun die Eier-Semmel-Masse und das Mehl mit dem Butter-Quark-Gemisch, bis ein homogener, jedoch immer noch fluffiger Teig entsteht. Stellt den Teig kühl.

Bringt reichlich Salzwasser zum Köcheln. Formt mithilfe zweier Esslöffel kleine Nocken aus dem Teig, die ihr direkt in das leicht siedende Wasser gleiten lässt. Nach 2 Minuten können die Nocken vorsichtig aus dem Wasser geschöpft werden.

Serviert die Nocken mit der braunen Butter, dem Parmesan und dem Schnittlauch.

Gemüsesuppe oder Minestrone

Wenn man einen vielfältigen Garten hat und gerade mal nicht weiß, wie man das ganze Gemüse gleichzeitig und dennoch den Reifestufen entsprechend verwerten soll, dann kommt diese sommerliche Suppe immer gelegen. Wenig Aufwand, viel Geschmack und sehr gesund noch dazu!

30 MINUTEN

FÜR 6 PERSONEN

1 kg verschiedene Gemüsesorten nach Wahl (z. B. Zucchini, Aubergine, Blumenkohl, Brokkoli, Erbsen, Tomaten, Kartoffeln, Frühlingszwiebel, Pilze, Paprikaschote, Sellerie, Radieschen)
1 Karotte
1 Zwiebel, in feine Würfel geschnitten
1 Knoblauchzehe, fein gehackt
4 Thymianzweige
Olivenöl zum Anbraten und zum Servieren
2 l Wasser oder Gemüsefond
Salz
frisch gemahlener Pfeffer
1 EL feine Schnittlauchröllchen
6 EL geriebener Parmesan
6 EL Frischkäse

ZUBEREITUNG

Schneidet die verschiedenen Gemüsesorten so, dass sie eine ähnliche Garzeit benötigen (z. B. Zucchini in kleine Würfel oder Scheiben, Blumenkohl oder Brokkoli in kleine Röschen, Kartoffeln und Paprikaschote in Würfel usw.).

Schneidet die Karotte in feine Würfel. Bratet sie mit der Zwiebel in etwas Olivenöl in einem großen Topf 5 Minuten an. Gebt danach den Knoblauch, das restliche Gemüse und den Thymian dazu. Gießt alles mit Wasser oder Fond auf. Salzt und pfeffert kräftig.

Lasst die Suppe 15 Minuten köcheln oder bis alles gar und trotzdem noch bissfest ist.

Serviert die Suppe dann mit etwas Olivenöl, Schnittlauch, geriebenem Parmesan und Frischkäse.

Tipp

Ihr könnt übrigens auch gekochte Hülsenfrüchte oder kleine Nudeln hinzufügen. Dadurch wird die Suppe etwas üppiger und zum kompletten Hauptgericht.

Palatschinken mit Spinat und Käse

Hier ein weiteres Gericht aus meiner Kindheit, das meist auf den Esstisch gelangte, wenn meine Mutter spät von der Arbeit nach Hause kam und alles etwas schneller gehen musste. Nichtsdestotrotz eine meiner Lieblingsspeisen – bis heute.

15 MINUTEN

FÜR 4 PERSONEN

80 g Mehl
130 ml Milch
2 Eier
Salz
frisch geriebene Muskatnuss
Butter zum Ausbacken
150 g Spinat, gekocht und püriert (siehe Rezept »Cajinci Arstis – Gebackene Kartoffelteigtaschen« Seite 32)
100 g schmelzfähiger Käse

ZUBEREITUNG

Vermischt das Mehl und die Hälfte der Milch mit einem Rührbesen. Seid dabei schnell und gründlich, denn wir möchten später keine Klümpchen in unserem Teig finden. Sobald die Masse homogen und klümpchenfrei ist, die restliche Milch und die Eier einrühren. Würzt zuletzt mit Salz und Muskat.

Schmelzt in einer antihaftbeschichteten Pfanne 1 TL Butter bei mittlerer Temperatur. Sobald die Butter goldbraun geworden ist, eine dünne Schicht Teig hineingeben (etwa ein Achtel des Teigs pro Palatschinken). Je dünner ihr das hinbekommt, umso seidiger werden die Palatschinken sein. Backt die Palatschinken jeweils von beiden Seiten goldgelb aus. Gebt anschließend eine dünne Schicht Spinat und reichlich Schmelzkäse darauf und rollt die Palatschinken vorsichtig mithilfe zweier Pfannenwender auf.

Wiederholt diesen Prozess, bis ihr den gesamten Teig sowie Spinat und Käse aufgebraucht habt.

Serviert die Palatschinken sofort.

Tipp

Ihr könnt das gleiche Palatschinkenrezept für viele andere Füllungen verwenden. Beispielsweise Schinken und Käse, Gemüse und Topfen, Marmelade oder Schokoladencreme: Fast alles ist möglich.

Geziegerte Apfelküchel

Manche Gerichte kennt man nur von einer Person und meine Großmutter ist meines Wissens die Einzige, die diese süßsalzige Version der allseits beliebten Apfelküchel zubereiten konnte. Bis jetzt jedenfalls – doch ihr Enkel ist ihr dicht auf den Fersen.

15 MINUTEN

FÜR 6 PERSONEN

Für die Apfelküchel

2 mittelgroße Äpfel mit festem Fruchtfleisch (z. B. Kanadarenette oder Kanzi)
Saft und Abrieb von 1 unbehandelten Zitrone
1 l Frittieröl oder Butterschmalz
2 Eier
125 g Mehl
125 ml kaltes Bier (alternativ Soda)
1 EL Zucker
1 EL Rum
Salz

Für das Topping

120 g Zieger (siehe »Funfact«) oder Ricotta, zerbröselt
1 EL Kürbiskerne, geröstet
1 EL Honig

ZUBEREITUNG

Entfernt für die Apfelküchel mit einem Ausstecher das Kerngehäuse der Äpfel und schneidet die Äpfel in 5 mm dicke Scheiben. Beträufelt die Apfelringe mit dem Zitronensaft und legt sie auf die Seite.

Erhitzt das Öl oder das Butterschmalz in einem breiten Topf auf 170 °C.

Trennt die Eier. Vermengt das Mehl mit der Hälfte des kalten Biers (je kälter das Bier, umso mehr Bläschen bleiben im Teig) und rührt beides zu einem glatten Teig. Gebt dann das restliche Bier, das Eigelb, den Zucker, den Rum, den Zitronenabrieb und 1 kräftige Prise Salz dazu. Vermischt alles gründlich. Schlagt zuletzt das Eiweiß zu steifem Schnee. Diesen behutsam unter den Bierteig heben.

Taucht nun mithilfe eines Holzspießes oder einer Pinzette die Apfelringe in den Teig und legt sie behutsam in das heiße Frittierfett. Backt die Apfelküchel auf beiden Seiten aus, bis sie goldgelb sind. Gebt sie anschließend zum Abtropfen auf Küchenpapier.

Serviert die Küchel heiß mit einem Topping aus Zieger oder Ricotta, Kürbiskernen und Honig.

Funfact

Zieger ist ein Frischkäse der, ähnlich wie Graukäse oder Ricotta, aus der Molke, also den Milchrückständen aus der eigentlichen Käseproduktion, hergestellt wird. Er ist deshalb sehr fettarm und war ursprünglich der Käse der »armen Leute«. Sein Name stammt übrigens nicht von der Ziege ab, denn er wird meist aus Kuhmilch hergestellt. Ursprünglich wurde dieser Käse, der vor allem bei unseren Schweizer Nachbarn sehr beliebt ist, mit Schabzigerklee (Hornklee) verfeinert, daher also der Name.

Grießnocken mit Sesam

Ursprünglich eine sehr originale Suppeneinlage, die in keinem Südtiroler Wirtshaus fehlen darf. Ich habe mir erlaubt, etwas Sesam hinzuzufügen, um den Grießnocken einen leicht nussigen Geschmack und nicht zuletzt auch ein etwas cooleres Aussehen zu verleihen. Man möge es mir verzeihen.

15 MINUTEN | GARZEIT: 15 MINUTEN

FÜR 4 PERSONEN

50 g weiche Butter
1 Ei
frisch geriebene Muskatnuss
Salz
100 g Hartweizengrieß
1 EL bunte Sesamsamen, geröstet
2 l klare Suppe (Fond) zum Garen
1 EL feine Schnittlauchröllchen

ZUBEREITUNG

Die Butter mit einem Handrührgerät aufschlagen, bis sie ihr Volumen verdoppelt hat. Das Ei hinzufügen und mit Muskat und Salz abschmecken. Alles gut vermengen. Mit einem Teigschaber den Grieß und den Sesam unterheben. Lasst den Teig dann 5 Minuten ruhen.

Bringt in der Zwischenzeit 1 l Fond oder Salzwasser in einem großen Topf zum Köcheln. Formt aus dem Teig Nocken, am besten mit zwei kleinen Dessert- oder Cappuccinolöffeln, denn die Nocken werden während des Kochens ihr Volumen vervielfachen. Gart die Nocken zugedeckt im Topf etwa 15 Minuten. Sie sind fertig gegart, sobald der Grieß komplett aufgegangen und auch das Innere der Nocken weich und luftig geworden ist.

Serviert die Nocken in der restlichen heißen Suppe und mit dem Schnittlauch.

Kürbisriebl

Riebl ist ein typisches Bauerngericht des Vinschgaus. Es wurde zum Frühstück oder am Abend zubereitet und sowohl süß wie auch salzig gegessen. Die klassische Version enthielt entweder Kartoffeln oder Buchweizen. Ich bin so frech und nehme für diese süße Version Kürbis und Buchweizen, oder Schwarzplentn, wie man Buchweizen bei uns nennt, her. Meiner Oma hat der Kürbisriebl geschmeckt, also kann er sich wohl wirklich sehen lassen!

30 MINUTEN

FÜR 6 PERSONEN

1 kleiner Kürbis nach Wahl (es werden 200 g Kürbisfleisch benötigt)
200 g Buchweizenmehl
2 Eier
2 TL Salz
1 EL Honig
2 EL Butter
2 EL Zucker
1 EL Zimtpulver

ZUBEREITUNG

Schält den Kürbis (Hokkaidokürbisse müssen nicht geschält werden), schneidet das Fruchtfleisch in 3 cm große Würfel und schmort sie mit einem Schuss Wasser zugedeckt im Backofen bei 200° C (Ober-/Unterhitze) 30 Minuten.

Zerkleinert danach den Kürbis mit einem Pürierstab oder Mixer zu einem feinen Püree. Vermischt es mit dem Buchweizenmehl, den Eiern, dem Salz und dem Honig und knetet alles gründlich durch. Das Resultat sollte ein leicht klebriger, jedoch homogener Teig sein.

Erhitzt die Butter in einer Pfanne, bis sie zu schäumen beginnt. Drückt den Teig wie einen Fladen in die Pfanne. Wartet, bis der Fladen Farbe annimmt, und wendet ihn dann. Beginnt nun mithilfe von zwei Löffeln den Teig zu zerstückeln, zu zerdrücken und zu rühren, bis kleine Segmente entstehen. Gart den Riebl 5 weitere Minuten, bis er leicht knusprig geworden ist und nussig duftet.

Vermischt den Zucker und den Zimt. Bestreut den Riebl damit und serviert ihn. Am besten so, wie es die Riebl-Tradition will: in der Pfanne mit Marmelade und Apfelmus!

Kirchtagskrapfen – das Grundrezept

Zu Weihnachten überreichte Oma Touna uns Enkelkindern unter strengster Schweigepflicht meist eine geheimnisvolle Papiertüte. Sie verhielt sich dabei, als würde sie für den Geheimdienst arbeiten. Die Tüte war vom austretenden Fett fast durchsichtig, denn in ihrem Inneren befanden sich Tounas köstliche Krapfen, die sie für uns mit sehr viel Liebe und als limitierte Edition gebacken hatte. Sie wusste, warum sie diese Übergabe so kryptisch gestaltete, denn sobald jemand Wind bekam, dass Omas Krapfen im Hause waren, waren sie sofort aufgegessen.

1 STUNDE

FÜR 40 KRAPFEN

Für den Teig:
500 g Weizenmehl plus etwas mehr zum Arbeiten
Semolina (feiner Hartweizengrieß) zum Arbeiten nach Bedarf
60 ml lauwarme Milch
50 ml Samenöl
Salz
1 EL Grappa
2 Eier
1 EL Zucker

Außerdem
600 ml Marillenmarmelade
2 Eier
1 l Frittieröl oder Butterschmalz zum Ausbacken
Puderzucker zum Bestreuen

Tipp

Beliebte Füllungen sind übrigens auch Mohn oder Esskastanie, Feigen oder Walnuss. Im Prinzip ist also alles möglich.

ZUBEREITUNG

Gebt für den Teig das Mehl, die Milch, das Öl, 40 ml Wasser, 1 Prise Salz, den Grappa, die Eier und den Zucker in die Rührschüssel einer Küchenmaschine. Rührt alles mit dem Knetaufsatz auf niedrigster Stufe 3 Minuten oder bis ein homogener, elastischer Teig entsteht. Wickelt ihn in Frischhaltefolie und lasst ihn 30 Minuten im Kühlschrank ruhen.

Rollt ihn anschließend mit einer Pastawalze etwa 2 mm dünn aus – man sollte durch den Teig durchsehen können. Ihr könnt dabei etwas Mehl oder Semolina nach Bedarf zu Hilfe nehmen, damit der Teig nicht an der Walze oder auf der Arbeitsfläche kleben bleibt.

Verteilt dann auf exakt der Hälfte des Teigblatts walnussgroße Mengen der Marmelade in regelmäßigen Abständen (etwa 10 cm). Schlagt die Eier auf und bepinselt damit die Teigzwischenränder. Faltet die andere Teighälfte darüber. Nun kommt der spaßige Teil: Ihr könnt mit einem Krapfenrad oder einem Ausstecher Rechtecke/Quadrate aus dem zusammengelegten Teig ausschneiden. Ihr müsst dabei nicht perfekte Symmetrie anstreben, schmecken tun die Krapfen so oder so. Drückt die Ränder jedes Krapfens mit den Fingern gründlich zusammen und legt die fertigen Prachtstücke vorsichtig auf ein bemehltes Brett. Wiederholt diesen Prozess, bis ihr den gesamten Teig aufgebraucht habt.
Erhitzt nun Öl oder Butterschmalz in einem großen Topf, bis etwa 170 °C erreicht sind. Backt die Krapfen darin vorsichtig von beiden Seiten goldgelb aus. Gebt sie danach zum Abtropfen auf Küchenpapier.

Serviert die Krapfen sofort, bestreut mit leichtem Puderzucker-Schneefall.

Scheiterhaufen

Ehrlich gesagt ein sehr dramatischer Titel für eine relativ undramatische Süßspeise. Wie bei Knödel und Co. galt es auch hier, übrig gebliebenes Brot zu verwerten. Etwas Obst, etwas Milch, ein paar Eier ... et voilà: ein tolles Gericht, ähnlich dem englischen Bread Pudding.

20 MINUTEN | GARZEIT IM BACKOFEN: 30 MINUTEN

FÜR 4 PERSONEN

250 g altbackenes Weißbrot (ca. 5 Semmeln/Brötchen)
3 mittelgroße Äpfel
Saft und Abrieb von 1 unbehandelten Zitrone
10 g Butter
50 g Rosinen
6 EL Zucker
70 g geriebene Mandeln
½ EL Zimtpulver
500 ml Milch
3 Eier
Salz

ZUBEREITUNG

Schneidet das Weißbrot in dünne Scheiben. Schält die Äpfel und entfernt das Kerngehäuse. Schneidet das Fruchtfleisch in kleine Würfel und beträufelt sie mit dem Zitronensaft.

Fettet mit etwas Butter eine feuerfeste Auflaufform ein. Legt eine dünne Schicht Brotscheiben darin aus. Verstreut darauf einen Teil der Äpfel, ein paar Rosinen, ½ EL Zucker, ein paar geriebene Mandeln, etwas Zimt und etwas Zitronenabrieb. Wie viel ihr von allem verwendet, hängt auch von der Größe eurer Auflaufform bzw. von der Anzahl an Schichten ab. Wiederholt diesen Prozess (ähnlich wie bei der Zubereitung einer Lasagne), bis alles (außer dem Zucker) aufgebraucht ist.

Vermischt anschließend die Milch, die Eier, den übrig gebliebenen Zucker und 1 Prise Salz mit einem Schneebesen. Gießt die Mischung langsam und gleichmäßig über den Brotauflauf. Verteilt zuletzt die restliche Butter in Flocken darüber. Backt den Scheiterhaufen im Backofen bei 160 °C Ober-/Unterhitze 30 Minuten.

Nehmt den Scheiterhaufen dann heraus uns lasst ihn vor dem Servieren kurz abkühlen. Am besten mit Puderzucker und Preiselbeeren anrichten.

Süße Apfelküchel mit Apfel-Zimt-Sorbet

Im Prinzip habe ich euch das Prozedere für die Apfelküchel schon auf Seite 60 beschrieben. Da ich aber ein großer Fan von Desserts mit unterschiedlichen Temperaturen bin und man ein gutes und einfaches Sorbetrezept immer gebrauchen kann, hier noch mal meine süße Lieblingsversion der Apfelküchel.

FÜR DAS EIS: 10 MINUTEN | GESAMTZEIT: 1 STUNDE

FÜR 4 PERSONEN

Für das Eis
200 g Zucker
1 EL Glukosesirup
1,2 kg Apfelfruchtfleisch
½ EL Zimtpulver
Salz

Für die Apfelküchel
1 Rezept der Apfelküchel (siehe Rezept »Geziegerte Apfelküchel« Seite 60)
2 EL Zucker
2 TL Zimtpulver

ZUBEREITUNG

Mischt für das Eis 300 ml Wasser mit dem Zucker und Glukosesirup. Schneidet das Apfelfruchtfleisch in grobe Würfel und kocht sie darin 5 Minuten.

Püriert dann alles mit einem Mixer oder Pürierstab und fügt dabei den Zimt und 1 Prise Salz hinzu. Lasst die Masse im Kühlschrank gut abkühlen. Gebt sie anschließend in eine Eismaschine.

Bereitet die Apfelküchel zu. Mischt den Zucker mit dem Zimt und wälzt die Küchel in dem Gemisch.

Serviert die Küchel mit dem Apfelsorbet. Oder alternativ auch einfach mit einer Kugel Vanilleeis.

Erdbeer-Haselnuss-Knödel

Hier ein weiteres Grundrezept eines Quarkteigs, der im Prinzip mit jeglicher Obstsorte funktioniert. Ihr könnt die Erdbeeren also auch durch Marillen oder Pflaumen ersetzen. Ich bevorzuge den Quarkteig gegenüber dem Kartoffelteig, weil er durch seine Säure etwas frischer schmeckt und ohne großen Aufwand zubereitet werden kann.

40 MINUTEN

FÜR 18 KNÖDEL

60 g weiche Butter plus 40 g mehr zum Rösten
1 Ei
250 g Quark
120 g Weizenmehl plus etwas mehr zum Arbeiten
Salz
2 EL Semolina (feiner Hartweizengrieß) plus ca. 3 EL mehr zum Arbeiten
18 Erdbeeren
4 EL grob gemahlene Haselnusskerne
4 EL Paniermehl
4 EL Zucker
1 TL Zimtpulver

ZUBEREITUNG

Die weiche Butter schaumig schlagen, bis sich ihr Volumen verdoppelt hat. Das Ei, den Quark, das Mehl, 1 kräftige Prise Salz und die Semolina untermischen, bis sich ein homogener Teig gebildet hat. Den Teig 15 Minuten im Kühlschrank ruhen lassen.

Bringt in der Zwischenzeit Wasser zum Kochen und legt einen Dampfaufsatz darüber. Alternativ könnt ihr auch einen Dampfgarer verwenden oder die Knödel im Wasser kochen.

Bemehlt eure Arbeitsfläche und eure Hände großzügig mit Semolina und nehmt ein Stück Teig ab, etwa in der Größe einer Erdbeere. Formt zuerst eine 1 cm dicke Scheibe daraus und legt eine Erdbeere in die Mitte. Stülpt nun den Teig um die gesamte Frucht und verschließt ihn vorsichtig. Bemehlt eure Hände erneut und formt aus der Teigtasche einen halbwegs runden Knödel. Ihr werdet merken, dass der Teig etwas feucht ist und schnell zu kleben beginnt. Lasst euch davon aber nicht abschrecken, einfach so viel Semolina, wie ihr benötigt, gebrauchen und Erfahrung sammeln. Wiederholt den Vorgang, bis Teig und Früchte aufgebraucht sind.

Dämpft dann die Knödel 20 Minuten oder kocht sie in leicht gesalzenem Wasser 15 Minuten.

Schmelzt in der Zwischenzeit die restliche Butter und röstet die Haselnüsse und das Paniermehl darin. Fügt am Schluss den Zucker und den Zimt hinzu und schaltet den Herd ab. Gebt die noch feuchten Knödel in das Nuss-Paniermehl-Zucker-Zimt-Gemisch und wälzt sie darin, bis sie komplett mit dem Topping bedeckt sind.

Serviert die Knödel noch warm. Am besten mit einer Kugel Eis oder etwas Vanillesauce.

Nonna Mimma

Meran – Burggrafenamt

Es gibt immer eine Option ...

Wenn wir von einer Kochkultur in Südtirol sprechen, dann müssen wir uns auch immer bewusst machen, dass es »die eine« nicht gibt. Ein Land mit vielen Tälern bringt schon durch die geologischen Gegebenheiten viele verschiedene Ansichten mit sich. Vor allem in Zeiten, in denen kaum gereist wurde und es kein Internet gab, war der Austausch begrenzt und dementsprechend behielt so manches Tal und Dorf seine kulturellen Eigenheiten. Zu diesen Eigenheiten gehört auch die Küche, und deswegen haben wir versucht, in diesem Buch die Blickwinkel der verschiedenen Haupttäler aufzuzeigen.

Neben dieser geografischen Differenzierung sind innerhalb der Bevölkerung verschiedene Sprachgruppen bzw. Kulturen zu finden, sie werden schroff »Ethnien« genannt. Zusätzlich zu den starken Migrationsbewegungen der letzten 40 Jahre erlebte Südtirol schon zuvor eine Unterteilung in drei Sprachgruppen. Außer der deutschsprachigen Mehrheit und der ladinischen Minderheit in der Minderheit gibt es natürlich noch die Südtiroler mit italienischer Muttersprache – und das schon in der K.-u.-k.-Monarchie –, doch eine tatsächliche Bevölkerungsgruppe existierte erst durch die Annexion durch den italienischen Staat nach dem Ersten Weltkrieg.

Die Idee einer Nation setzt immer eine gewisse Homogenität in einer Gruppe von Menschen voraus. Im Prinzip gehen diese auf dem Papier entstandenen Nationen davon aus, dass Personen in einem bestimmten Territorium dieselben Gedanken, Werte und auch Eigenschaften teilen. Nun wird dieses Vorhaben umso schwieriger, wenn man glaubt, dass eine vom Menschen gemachte Grenze zur Erfüllung dieser Kriterien führen kann. Der vom Nationsgedanken faszinierte Politiker der faschistischen Partei Ettore Tolomei setzte sich als sein Ziel, den deutschsprachigen Raum diesseits der Alpen zu »italianisieren«. Dieses Wort ist sehr komisch, aber im Prinzip ging es darum, aus den Südtirolern waschechte Italiener zu machen. Eine wichtige Rolle spielten dabei die Namensgebungen. Nicht nur der Ortschaften, Berge und Flüsse, sondern auch der Menschen. So wurde aus jedem Berg eine Montagna und aus jedem Luis ein Luigi. Dieser Ansatz wurde rigoros in den Institutionen durchgesetzt und das Deutsche und Ladinische als Sprache verboten. Als bemerkt wurde, dass so ein Vorhaben in einer kulturell verwurzelten Gesellschaft nicht fruchtete, entstand die Idee eines Bevölkerungsaustauschs. Hitler und Mussolini glaubten an eine Lösung aller Probleme durch die Verlegung der Bevölkerung Südtirols in die gewaltsam eroberten Gebiete nach Osteuropa. Dies sollte zur Folge haben, dass dadurch das Problemkind

Südtirol durch italienische Bauern und Arbeiter besiedelt werden könnte und die Italianisierung endlich finalisiert würde. Das Ganze nannte sich »Option« und hatte schlussendlich, und zum Glück, keinen Erfolg.

Die Geschichte von Marsemilla Brunhilde Antonietta Rossato

Das war zwar die Erzählung eines Geschichtswissenschaftlers, aber auch eines eingefleischten Südtirolers, dessen Großvater Optant war und dessen Großmutter ihren Bruder an das faschistische Homogenisierungsprojekt verloren hatte. Ich habe die Regeln der »Objektivität« studiert, doch ich kenne die eine Seite und ihr Leid trotzdem besser als die des anderen. Durch meine kulturelle Prägung kann es keine absolute Objektivität geben. In einem Konflikt gibt es immer mindestens zwei Erzählungen. Jetzt deshalb die Erzählung von einem Mädchen, das zu jenen Arbeitern und Bauern gehörte, die in den Bergen ein besseres Leben suchten und für die unsere Freiheitskämpfer Terroristen waren.

Marsemilla Brunhilde Antonietta Rossato, benannt nach den Schwestern ihres Vaters, kam im Alter von zwölf Jahren von den Höfen in Labers nach Sinich, dem italienischsprachigen Stadtteil von Meran. Auch in den Weiten der Pianura Padana gab es verarmte Familien, die nicht genügend besaßen, um ihren zahlreichen Kindern eine Zukunft zu ermöglichen. Die Beweggründe waren somit ähnlich wie bei den meisten Optanten: Man suchte das Glück woanders, wurde von Institutionen und Gerüchten überzeugt, dass

man im Recht war, und verlor sich letztlich in einem fremden Ort, wo man verständlicherweise nicht mit offenen Armen empfangen wurde. Beide erlebten so manchen Schicksalsschlag und hatten bis zum Schluss wenig gewonnen und viel verloren.

Marsemilla verblieb nach dem Tod ihres Vaters mehr oder weniger als Waise in einem Land, wo die meisten noch gar nicht ihre Sprache sprachen. Am Ende landete sie in Meran, der zweitgrößten Stadt Südtirols mit dem zweitgrößten Anteil an Personen mit italienischer Muttersprache. Dort verdiente sie ihr Geld nicht nur als Reinigungskraft und Hausmeisterin, sondern veranstaltete auch so manches privates Catering, wodurch sie sich bald einen Namen machte. Sie hatte das Kochen von ihrer Großmutter gelernt. Die stammte aus Verona und hatte ihren Kochstil über die Jahre perfektioniert. Alles wurde von Hand zubereitet: Man hat selber Brot gebacken, selber geschlachtet, selber Pastateig geknetet und natürlich verwertet, so gut es ging. Die Region Venetien ist bekannt für sehr viele Speisen, die aus der Not entstanden sind: Pferdefleisch, Pasta e fagioli, Hühnerragout und vor allem Polenta.

Nicht umsonst nannte man die Bewohner auch die Polentoni. Marsemilla hat die Wurzeln ihrer Küche nie vergessen. Auch nicht, als sie die Liebe fand, in einem Mann, um den sie laut eigener Aussage »fünf Jahre bei ihrer Mutter betteln musste«, um ihn heiraten zu dürfen. Daraufhin folgte das Kinderglück und später Enkelkinder, die mit beiden Sprachen und beiden Esskulturen aufwuchsen. »Wenn ich sie irgendwann nicht mehr bei mir haben sollte, dann will ich sterben«, meinte Marsemilla einmal mit Tränen in den Augen. Drama kann sie gut.

Nonna Mimma und ihre Enkelin

Marsemillas jüngste Enkelin heißt Kathi und aus ihr ist eine ausgezeichnete Köchin geworden. Woher ich das weiß? Sie ist meine Souschefin im »flurin«, und das mit gerade mal 21 Jahren! »Es war sofort klar, dass Kathrin Köchin werden würde«, meinte ihre Großmutter stolz. Schon als kleines Kind spielte sie am liebsten mit Töpfen und Pfannen, half beim Ausrollen und Schneiden der hausgemachten Pappardelle und aß für ihr Leben gerne, was ihre Nonna mit Liebe zubereitet hatte. Durch Kathis Erzählungen durfte ich Marsemilla kennenlernen – und durch ihre Intervention dann auch treffen.

Nonna Mimma, wie Kathi und ihre Schwester ihre Oma liebevoll nennen, war sichtlich aufgeregt und hatte schon seit dem ersten Anruf, als Kathi sie um die Partizipation an diesem

Kochbuch bat, einen erhöhten Blutdruck. Am Drehtag, an dem wir sie besuchen durften, war sie bereits um fünf Uhr früh aufgestanden, um alles vorzubereiten. Sie hatte den Stockfisch von ihrem Fischhändler des Vertrauens mit genügend Ankündigungszeit bestellt. Zudem gelang es ihr, die ansonsten fast nicht zu bekommenden Hühnermägen für ihr Signature-Ragout aufzutreiben. Die Tagliatelle dafür hatte sie schon einige Tage zuvor mit ihrem Ehemann, Nonno Pasquale, gemacht. Das war bei den beiden, die in einem kleinen Häuschen in der Nähe des Meraner Bahnhofs wohnen, immer eine Frage der Teamarbeit. Als wir gegen elf Uhr an einem regnerischen Frühlingstag bei Nonna Mimma ankamen, hatte sie schon Häppchen mit Prosciutto und Käse für uns vorbereitet. Dazu gab es ein gekühltes Gläschen Wein und die Luft war bereits von Wohlgerüchen erfüllt. Nach anfänglichen Berührungsängsten begann Nonna Mimma endlich zu plaudern, von ihrem Leben in Vergangenheit, Präsens und Zukunft. Als sie vom Tod ihres Vaters zu sprechen begann – sie war damals zwölf Jahre alt –, musste sie innehalten und Tränen füllten ihre Augen. Das sollte noch einige Male in den wenigen Stunden, die wir beisammen waren, passieren. Kathi hatte mich bereits vorgewarnt, dass ihre Oma nahe am Wasser gebaut sei und ihre Geschichten gerne mit etwas Nostalgie, Sehnsucht und einer Prise Drama würze.

Während Nonna Mimma also plauderte, assistierte ich ihr nebenbei beim Kochen und sie hatte so manches Lob für mich übrig. »Bravo«, sagte sie zu mir und dann zu ihrer Enkelin, die dabei sein musste, um ihr den nötigen Mut zu verleihen: »Vedi, Kathi, che é bravo lui«, »Siehst du, Kathi, dass er was kann.«, Und sie erzählte weiter, mit sehr viel Herz und Detail – und so kochte sie auch: Jeder Arbeitsschritt für ihren Baccalà alla veronese hatte eine unglaubliche Wichtigkeit für sie. Die Herkunft und Zusammensetzung des Fischs, die Wässerungsvorgänge im Zitronensud, alles war genaustens einstudiert. Als Koch im Alltag kann es einem manchmal passieren, dass man das ein oder andere Detail nicht mehr erkennt oder seine Wichtigkeit aus den Augen verliert. Das führt dann meist dazu, dass etwas fehlt,

dass etwas unvollkommen wird, dass es schlicht nicht mehr so schmeckt wie vorher. »Perfektion bedeutet, viele kleine Dinge gut zu machen«, meinte die Kochlegende Marco Pierre White. Und ich gebe ihm recht, neben so manchem Hokuspokus (wie beispielsweise dem berühmten Spritzer Öl im Pastawasser) gibt es zahlreiche alteinstudierte Riten, die Sinn ergeben. Oma Touna z. B. war sich sicher, dass ein »richtiges« Muas in einer gusseisernen Pfanne über dem Holzherd gekocht werden musste. Nonna Mimma hingegen war sich sicher, dass eine »richtig gute« Polenta im Kupferkessel über Feuer zubereitet werden musste. Sie hatte ihren von ihrer Mutter zur Hochzeit geschenkt bekommen und er sah noch wie neu aus. Sie führte diese Tradition übrigens fort und schenkte ebenfalls ihrer Tochter und beiden Enkelinnen einen Kupferkessel, damit ihre Polenta genauso gelingen würde wie ihre. Wahrscheinlich ist die Polenta von Nonna Mimma tatsächlich deshalb so gut, weil die Hitze sich im Kessel gleichmäßig verteilt und – aus einem mir noch nicht erklärbaren Grund – selbst ohne ständiges Rühren nichts am Pfannenboden hängen bleibt. Der Stockfisch stand der Polenta im Übrigen in nichts nach. Er schmeckte fantastisch und hatte ein sehr entschlossenes Aroma, das perfekt mit der cremigen leuchtend gelben »Lava« harmonierte. Wir waren mittlerweile schon bei der dritten Flasche Wein angelangt, denn sowohl die Oma als auch die Enkelin schenkten fleißig nach. Aber Nonna Mimma hatte uns noch nicht genug verwöhnt. Sie hatte eine weitere ihrer Leibspeisen zubereitet: Hühnermagen-Ragout mit hausgemachten Tagliatelle. Ja, ihr habt richtig verstanden, ein Ragout, bestehend aus Wurzelgemüse, Tomaten und den Hühnermägen, die für einige Stunden langsam köcheln mussten, um

zart und unwiderstehlich zu werden. Zusammen mit der seidigen Pasta und dem sanften Einfluss des Alkohols ein fantastisches Essen.

Zum Schluss musste ich Nonna Mimma umarmen und ich bat sie, zu mir als Gast in mein Restaurant zu kommen. Sie willigte sofort ein und erklärte sich dazu bereit, mit dem Zug nach Glurns zu reisen. Kathi machte große Augen, denn ihre Großmutter hasst es, die eigenen vier Wände und vor allem ihre Stadt zu verlassen. Meistens nahm sie sogar für nur kurze Ausflüge ihre eigene Bettwäsche mit, sonst könne sie nämlich nicht schlafen. Und trotz alledem hatte sie meine Einladung angenommen. Wir haben also wieder einen Beweis dafür, dass Kochen und Essen zusammenschweißt, dass dabei Emotionen, Vertrautheiten und Freundschaften entstehen. Genauso war Essen eben auch eindeutig ein wichtiger Friedensbotschafter im Südtiroler Ethnienkonflikt und machte Feinde zu Freunden, Missverstandenes zu Verstandenem und uns alle ein bisschen klüger und wohlwollender. Grazie, Mimma, per una giornata fantastica!

Baccalà alla veronese

Baccalà ist historisch gesehen der Fisch für all diejenigen, die nicht direkt am Meer wohnen. Auch in Südtirol zählt der Stockfisch zu den traditionellen Gerichten, obwohl der Rohstoff dafür eigentlich aus dem Atlantik stammt. Das liegt darin begründet, dass sich Kabeljau selbst und die nordische Luft besonders gut zum Fischtrocknen eignen und er dadurch in Zeiten vor der Kühltechnik verfrachtet werden konnte. Hier Nonna Mimmas Signature Dish, das ihr von ihrer Oma aus Verona vererbt wurde.

50 MINUTEN | GARZEIT: 3,5 STUNDEN

FÜR 4 PERSONEN

4 unbehandelte Zitronen
1 kg gewässerter Stockfisch
1 Zwiebel, in feine Würfel geschnitten
50 ml Olivenöl
1 Knoblauchknolle, abgezogen und gehackt
1 EL Tomatenmark
100 ml Weißwein
500 ml Milch
1 kleines Bund Petersilie, fein gehackt
Salz
frisch gemahlener Pfeffer

Funfact

Wie dieser eingesalzene und getrocknete Fisch in Italien bezeichnet wird, hängt vor allem von den historischen Handelsrouten ab. Wurde der Fisch durch das Mittelmeer von den Portugiesen bezogen, hieß er Baccalà (vom portugiesischen »Bacalao«). Stammte der Fisch hingegen von der Hanse und den nördlichen Handelsrouten, wurde er Stoccafisso (vom deutschen »Stockfisch«, weil auf einem Stock getrocknet) genannt. Meist stammt Letzterer von den norwegischen Lofoten.

ZUBEREITUNG

Die Zitronen in Scheiben schneiden. Gebt den gewässerten Stockfisch in einen Topf mit kaltem Wasser und bringt alles zum Kochen. Siebt den Fisch dann sogleich ab und gebt ihn zusammen mit den Zitronenscheiben in eine Schüssel mit eiskaltem Wasser. Lasst ihn darin mindestens 30 Minuten ziehen. Durch diesen Prozess verliert er seinen etwas strengen Geruch.

Schwitzt in der Zwischenzeit die Zwiebel im Olivenöl bei niedriger Temperatur 10 Minuten an. Gebt anschließend den Knoblauch und das Tomatenmark dazu. Lasst alles 5 weitere Minuten köcheln. Das ist eure Geschmacksbasis, der sogenannte Sofritto.

Trocknet den durchgezogenen Fisch gut ab und entfernt mit einem Messer alles an Gräten, Knochen und Haut, was ihr finden könnt. Gebt das parierte Fischfleisch zum Sofritto und löscht mit dem Weißwein ab. Lasst den Alkohol 2 Minuten verdampfen. Fügt anschließend die Milch und die Petersilie hinzu. Lasst den Fisch nun zugedeckt bei niedrigster Temperatur 2,5 Stunden köcheln und rührt dabei gelegentlich um. Die Geschmäcker werden dadurch intensiver und die Sauce wunderbar cremig.

Schmeckt erst nach Ende der Garzeit mit Salz und Pfeffer ab (oft benötigt Stockfisch auch gar kein zusätzliches Salz) und serviert das Gericht – am besten mit cremiger Polenta (siehe Rezept »Cremige Polenta mit Radicchio und Räucherforelle« Seite 94) oder frischem Brot.

Vitello tonnato

Das Original wird eigentlich in Wasser totgekocht, das finde ich aber irgendwie schade. Ich habe deshalb eine Version für euch, die etwas mehr Zeit und Know-how beansprucht, aber die Mühen sind es auf jeden Fall wert. Vertraut mir einfach.

30 MINUTEN | GARZEIT IM BACKOFEN: 2,5 STUNDEN

FÜR 6 PERSONEN

Für den Tafelspitz
Öl zum Anbraten
1 Kalbstafelspitz (1 kg)
2 EL grobes Salz
1 EL frisch gemahlener Pfeffer
1 EL geräuchertes Paprikapulver
2 EL fein gehackter Rosmarin

Für die Thunfischsauce
300 g guter Thunfisch in Öl
120 g Mayonnaise
1 Essiggurke, zerkleinert plus 50 ml Einlegesud aus dem Gurkenglas
1 EL eingelegte Kapern
40 ml weißer Wermuth
2 EL natives Olivenöl
Abrieb und Saft von 1 unbehandelten Zitrone
1 TL getrockneter Oregano
Salz
frisch gemahlener Pfeffer

Außerdem
6 Radieschen, zerkleinert
4 EL frittierte Kapern (siehe »Tipp«)

ZUBEREITUNG

Erhitzt für den Tafelspitz etwas Öl in einer Pfanne und bratet ihn darin scharf von allen Seiten an. Mariniert ihn dann mit Salz, Pfeffer, Paprika und dem Rosmarin. Legt ihn auf einen Grillrost oder in einen Bräter und gart ihn im Backofen bei 90 °C (Ober-/Unterhitze) 2,5 Stunden. Lasst ihn anschließend gut abkühlen und gebt ihn 2 Stunden in die Gefriertruhe. Dadurch lässt er sich später besser und dünner schneiden.

Gebt für die Sauce den Thunfisch, die Mayonnaise, die Essiggurke, die Kapern, 100 ml Wasser, den Einlegesud aus dem Gurkenglas, den Wermuth, das Olivenöl, den Abrieb und Saft der Zitrone sowie den Oregano in einen Mixer und mixt alles kräftig durch. Die Konsistenz sollte der von Trinkjoghurt ähneln. Falls nicht, einfach noch Wasser hinzufügen. Schmeckt mit Salz und Pfeffer ab.

Entfernt nun das Fett und alle Sehnen von dem Tafelspitz und schneidet ihn entgegen der Fleischfaser in dünne Scheiben. Verwendet dafür eine Aufschneidemaschine oder ein sehr scharfes Messer. Legt die saftigen Fleischscheiben auf einen Präsentierteller und beträufelt sie mit reichlich Thunfischsauce. Garniert alles zum Servieren mit Radieschen und Kapern. Ein Klassiker.

Tipp

Erklärungsbedarf? Das Fleisch taut auf euren Tellern auf, sobald es mit dem warmen Geschirr in Berührung kommt. Ihr könnt den Thunfisch übrigens durch Räucherfisch ersetzen, funktioniert auch sehr gut. Ach ja, frittierte Kapern sind tatsächlich lediglich frittierte Kapern: Trocknet eingelegte Kapern mit Küchenpapier ab und frittiert sie in heißem Öl, bis sie knusprig sind. Toller Geschmack und tolle Konsistenz.

Tubre

Pasta e fagioli del nonno

Das absolute Lieblingsgericht meines Großvaters, Pasta e fagioli del Nonno, stand im »flurin« zur Zeit des Glurnser Advents sogar auf der Karte. Ihr solltet dieses Rezept unbedingt probieren, denn es ist schön deftig, kann sowohl vegetarisch als auch mit Speck zubereitet werden und wärmt nicht nur den Magen, sondern ebenso die Seele. Ich mache daheim immer gerne einen etwas größeren Topf der Suppe – zum Aufwärmen, denn wie Opa Hermann nie müde wurde zu betonen: »Gwermp isch sie nu bessr!«, »Aufgewärmt schmeckt sie noch besser!«.

15 MINUTEN | GARZEIT: 50 MINUTEN

FÜR 4 PERSONEN

300 g getrocknete Borlotti-Bohnen oder andere Bohnen nach Wahl
1 Karotte
1 Stange Staudensellerie
gutes Olivenöl zum Anbraten und Servieren
½ Zwiebel, in feine Würfel geschnitten
1 EL Tomatenmark
100 g Speck mit Schwarte
1 Bund Rosmarin, zusammengebunden
1 EL Paprikapulver
100 ml Rotwein
Salz
frisch gemahlener Pfeffer
200 g kurze Suppenpasta (z. B. Ditalini)
4 EL frisch geriebener Parmesan

ZUBEREITUNG

Weicht die Bohnen in reichlich Wasser mindestens 5 Stunden oder am besten über Nacht ein. Falls ihr dazu keine Zeit habt, könnt ihr auch vorgekochte Dosenbohnen verwenden, reduziert dabei später die Kochzeit um 30 Minuten.

Hackt die Karotte und den Sellerie in feine Würfel. Erwärmt etwas Olivenöl in einem Topf und bratet beides mit der Zwiebel darin bei mittlerer Temperatur 5 Minuten an.

Gebt danach das Tomatenmark dazu und bratet alles weiter, bis das Mark dunkelrot geworden ist. Fügt den Speck samt Schwarte, den Rosmarin und das Paprikapulver hinzu und bratet alles 1 weitere Minute. Löscht nun mit dem Rotwein ab. Gebt die abgetropften Bohnen dazu. Kocht den Alkohol 1 weitere Minute ein und gießt dann mit 1,5 l Wasser auf. Würzt mit 1 kräftigen Prise Salz und Pfeffer – und der schwierige Teil ist gemeistert. Lasst die Suppe 45 Minuten köcheln oder einfach bis die Bohnen weich sind.

Nehmt anschließend den Rosmarin, den Speck und etwa die Hälfte der Bohnen mit einer Siebkelle aus der Suppe und legt sie auf die Seite. Püriert die Suppe, bis sie eine dünn-cremige Konsistenz hat, und schmeckt zuletzt mit Salz und Pfeffer ab.

Kocht die Pasta in reichlich Salzwasser, bis sie sehr al dente ist. Schneidet den Speck in dünne Streifen. Gebt die noch etwas zu harte Pasta gemeinsam mit den beiseitegelegten Bohnen und den Speckstreifen zurück in die Suppe und lasst alles 2 weitere Minuten ziehen.

Serviert die Suppe mit einem Spritzer Olivenöl und Parmesan.

Bollito misto

Bollito misto, wörtlich übersetzt »gemischtes Gekochtes«, zeichnet sich dadurch aus, dass man im Prinzip auch wirklich alles hineingeben kann, was gut mit langen Garzeiten zurechtkommt. Jegliches Schmorfleisch, Würste, Zunge sowie jedes Gemüse, das gerade anfällt – seid frei und kreativ. So wie die Nonne von damals es waren!

30 MINUTEN | GARZEIT: 2 STUNDEN

FÜR 6 PERSONEN

Salz
1 EL Pfefferkörner
4 Lorbeerblätter
1 kleines Bund Petersilie
1 kg Schulter vom Rind, grob zugeputzt
1 Kalbszunge
2 Zwiebeln, nicht abgezogen, halbiert
1 Karotte
1 Stange Staudensellerie
200 g Zuckerschoten
200 g grüner Spargel
1 Brokkoli
1 Cotechino (italienische Schweine-Rohwurst; alternativ Zampone)
2 EL Sojasauce
3 EL feine Schnittlauchröllchen
gutes natives Olivenöl zum Servieren

ZUBEREITUNG

Bringt in einem Topf, der groß genug für alle Zutaten ist, reichlich Wasser zum Kochen. Salzt es und gebt die Pfefferkörner, Lorbeer und Petersilie dazu. Sobald es kocht, fügt die Rinderschulter und die Kalbszunge hinzu. Lasst alles zunächst 1,5 Stunden leicht köcheln und schöpft dabei mit einer Kelle gelegentlich den Schaum an der Oberfläche ab.

Bratet die Zwiebeln auf der Schnittfläche in einer Pfanne mit etwas Öl an, bis sie dunkelbraun geworden sind und köstlich duften. Schneidet die Karotte, den Sellerie, die Zuckerschoten, den Spargel und den Brokkoli in gleich große, mundgerechte Stücke sowie den Cotechino in 1 cm dicke Scheiben. Gebt die Gemüsestücke nach der 1 Stunde Garzeit zusammen mit dem Cotechino zur Suppe. Lasst alles weitere 30 Minuten köcheln oder bis das Fleisch sehr weich ist.

Nehmt dann das Fleisch aus der Brühe, zieht die äußere Membran der Zunge ab und schneidet alles in portionierbare Scheiben. Schmeckt die Suppe mit der Sojasauce und Salz ab.

Serviert den Bollito misto mit dem Schnittlauch und Olivenöl. Lang lebe die Verwerterküche!

Tipp
Ihr könnt das zarte Fleisch auch am nächsten Tag dünn aufschneiden und sauer mit Zwiebeln, Öl und Essig oder einer zünftigen Salsa verde und etwas Brot servieren. Einfach himmlisch!

Tortellini emiliani

Tortellini Emiliani werden klassisch zu Weihnachten zubereitet und in Suppe serviert. Dabei wird das Beste aus der Region in die Füllung gepackt: Mortadella, Parmaschinken und Parmesan. Ich hatte das Glück, von meiner aus der Emilia stammenden Italienischlehrerin Stefania zu lernen, wie man Tortellini traditionell herstellt. Seitdem sind die bei uns jedes Weihnachten ein Muss!

50 MINUTEN

FÜR 4–6 PERSONEN

100 g Schweinekarree
Salz
frisch gemahlener Pfeffer
Öl zum Anbraten
100 g Parmaschinken
100 g Mortadella (auch gerne Abschnitte und Reste)
150 g geriebener Parmesan
½ TL frisch geriebene Muskatnuss
4 Eier
400 g Weizenmehl Type 00
1,5 l kräftige Brühe (»Brodo«)

Tipp

Die Tortellini schmecken übrigens auch sehr gut mit Salbeibutter, einer Sahnesauce oder frischen Tomaten und Basilikum.

ZUBEREITUNG

Schneidet das Schweinefleisch in 2 cm große Würfel, würzt es mit Salz und Pfeffer und bratet es in Öl auf allen Seiten scharf an, bis es komplett gar ist. Lasst es 10 Minuten abkühlen.

Schneidet den Parmaschinken und die Mortadella in gleich große Würfel. Dreht sie zusammen mit dem gebratenen Karree durch einen Fleischwolf. Würzt das dadurch entstandene Brät mit dem Parmesan, dem Muskat, Pfeffer und etwas Salz. Formt aus der Masse haselnussgroße Kugeln und legt sie beiseite.

Vermischt Eier, Mehl und 1 EL Wasser mit einer Küchenmaschine mit Knetaufsatz auf niedriger Stufe, bis ein fester, homogener Teig entsteht. Wickelt ihn in Frischhaltefolie und lasst ihn 30 Minuten im Kühlschrank ruhen.

Rollt danach den Teig wie bei den Schlutzkrapfen (siehe Seite 29) beschrieben mit einer Pastawalze aus. Schneidet daraus 4–5 cm große Quadrate aus. Besprüht oder bepinselt die Quadrate mit etwas Wasser. Gebt in die Mitte jedes Teigstücks eine der Brätkugeln. Faltet das Quadrat diagonal über die Füllung, damit ein kleines Dreieck entsteht, und drückt die Ränder gut zusammen, sodass jegliche Luft aus dem Tortellino ausgeschlossen wird. Führt nun die beiden Enden der langen Seite des Dreiecks zueinander und drückt sie mit einer Drehbewegung zusammen. Wiederholt diesen Arbeitsschritt, bis Teig und Füllung aufgebraucht sind.

Kocht die Tortellini in leicht kochendem Salzwasser oder direkt in der Suppe 5 Minuten. Serviert sie anschließend sofort – am besten mit dem kräftigen Brodo.

Durelli di pollo

Bei Nonna Mimma durfte ich etwas probieren, das ich noch nie zuvor in meinem Leben gekostet hatte: Durelli di pollo. Dabei handelt es sich um Hühnermägen, aus denen nach stundenlanger Garzeit ein schmackhaftes Ragout entsteht. Für alle Innereienskeptiker: Keine Angst, es schmeckt einfach nach sehr gutem Hühnchenfleisch.

30 MINUTEN | GARZEIT: 1 STUNDE

FÜR 4 PERSONEN

400 g frische Hühnermägen, gesäubert und pariert (Durelli di pollo)
1 Spritzer Essig
1 Karotte
1 Stange Staudensellerie
1 Zwiebel, in feine Würfel geschnitten
Olivenöl zum Anbraten
1 Msp. Peperoncino
1 Knoblauchzehe, zerdrückt
2 EL Tomatenmark
1 Bund Thymian, zerkleinert
200 ml Weißwein
Salz
1 EL kalte Butter

ZUBEREITUNG

Wascht die Hühnermägen gründlich und legt sie in kaltem Wasser mit dem Essig 30 Minuten ein. Trocknet sie danach gut ab und schneidet sie in kleine, mundgerechte Stücke.

Schneidet die Karotte und den Sellerie in feine Würfel. Dünstet beides mit der Zwiebel in dem Olivenöl bei niedriger Temperatur 5 Minuten. Gebt nun die Durelli, den Peperoncino, die Knoblauchzehe, das Tomatenmark und den Thymian dazu. Röstet alles, bis das Mark leicht dunkelrot wird – es sollen Farbe und Hitze ins Spiel kommen.Löscht sogleich mit dem Weißwein ab.

Lasst den Alkohol einige Minuten verdampfen und gebt anschließend 100 ml Wasser dazu. Salzt kräftig und lasst das Ragout halb zugedeckt 1 Stunde köcheln.

Schmeckt das Ragout anschließend mit Salz, Chilipulver und der Butter ab. Serviert es sofort – am besten mit Tagliatelle, Polenta oder Kartoffeln: ein Festschmaus.

Cremige Polenta mit Radicchio und Räucherforelle

Klassisch gab es die Polenta bei uns daheim mit Dosenmakrelen, etwas Käse und einem Spiegelei. Eine tolle Kombination. Hier lediglich etwas zusätzliche Inspiration dazu, auch als eine tolle Beilage für Fleisch, Fisch und Co. Ich verwende dafür am liebsten die grobe Polenta aus Storo, bekannt als das gelbe Gold des Trentino. Das Rezept funktioniert aber genauso mit jeder anderen Polenta.

45 MINUTEN

FÜR 4 PERSONEN

Für die Polenta
Salz
100 g Polenta (idealerweise aus Storo)
2 EL kalte Butter
4 EL geriebener Parmesan

Für das Topping
1 Kopf Radicchio Trevigiano
2 EL Olivenöl
2 EL Balsamicoessig
Salz
frisch gemahlener Pfeffer
2 Räucherforellenfilets

ZUBEREITUNG

Bringt für die Polenta 500 ml Wasser in einem Topf zum Kochen und salzt es leicht. Reduziert die Temperatur, sodass das Wasser lediglich köchelt, und lasst das Polentamehl sehr langsam und unter ständigem Rühren einrieseln. Idealerweise verwendet ihr dabei einen Schneebesen.

Bringt alles erneut zum Kochen und rührt dabei unaufhörlich, sonst entstehen nämlich Klümpchen oder die Polenta brennt an. Reduziert nun die Temperatur und lasst die Polenta zugedeckt für 40 Minuten ziehen, rührt dabei gelegentlich um.

Schaltet anschließend den Herd aus und rührt die Butter und den Parmesan ein: Die Konsistenz sollte nun ähnlich wie flüssige Lava sein. Schmeckt ab und fertig ist eure cremige Polenta.

Schneidet für das Topping den Radicchio längs in 2 cm dicke Streifen und bratet sie im Olivenöl in einer Pfanne scharf an. Löscht mit dem Essig ab. Würzt zuletzt mit Salz und Pfeffer.

Serviert den süßsauer-bitteren Radicchio mit der rauchigen Forelle und der unwiderstehlichen Polenta.

Lagrein-Risotto mit Erbsen und Mangold

In der Region Venezien bereitet man Risotto nicht nur mit dem üblichen Weißwein, sondern auch mit Rotwein zu. Typisch dafür ist der kräftige Amarone, der dem Reis eine süßlich-herbe Note verleiht. Ich habe dasselbe mit dem in Südtirol autochthonen Lagrein versucht. Klappt ebenfalls hervorragend und schaut cool aus!

45 MINUTEN

FÜR 4 PERSONEN

1 Zwiebel, fein gehackt
Olivenöl zum Anschwitzen
350 g Risottoreis (idealerweise Carnaroli)
350 ml Lagrein oder ein anderer Rotwein
Salz
1,2 l Gemüsebrühe
4 Mangoldblätter
100 g frische Erbsen
4 EL geriebener Parmesan
2 EL kalte Butter

ZUBEREITUNG

Schwitzt die Zwiebel in genügend Olivenöl an, bis sie leicht glasig ist. Fügt nun den Reis hinzu und röstet ihn bei mittlerer Temperatur 1 Minute. Löscht ihn sogleich mit dem Rotwein ab und rührt mit einem Holzlöffel so lange, bis der Reis fast den gesamten Wein aufgenommen hat.

Gebt dann 1 kräftige Prise Salz und genügend Brühe dazu, sodass der Reis mit Flüssigkeit bedeckt ist, jedoch nicht frei darin schwimmt. Rührt wiederholt um und fügt immer erst weitere Brühe hinzu, wenn der Reis die letzte Flüssigkeit absorbiert hat. Fahrt damit fort, bis der Reis al dente ist – das dauert insgesamt etwa 20 Minuten.

Schneidet in der Zwischenzeit den Mangold in dünne Streifen und gebt sie gemeinsam mit den Erbsen 5 Minuten vor Ende der Garzeit des Risottos dazu. Wenn der Reis fast gar ist, fügt den Parmesan und die Butter hinzu. Rührt ein letztes Mal kräftig um.

Serviert den lavaartigen Lagrein-Risotto – am besten mit frisch gehobeltem Parmesan.

Torta di rose

Hier das Rezept für das Signature-Gebäck von Nonna Mimma, das ihr hier zum ersten Mal in geschriebener und gedruckter Form bestaunen könnt, denn bis dato gab es das nur in ihrem Gedächtnis. Danke, Nonna, für dein Vertrauen! Sie hat diese Torta eines Tages für unsere Küchencrew zubereitet und die Torta war so köstlich, dass sie nach wenigen Minuten vergriffen war. Einfach luftig und perfekt mit einem Glas Milch dazu.

20 MINUTEN | BACKZEIT: 40 MINUTEN

FÜR 1 TORTA

- 25 g frische Hefe
- 1 Glas lauwarme Milch (200 ml)
- 8 EL Zucker
- Salz
- 1 Ei
- 2 Eigelb
- 450 g Weizenmehl Type 00 plus mehr zum Arbeiten
- 100 g weiche Butter

ZUBEREITUNG

Vermischt die Hefe mit der lauwarmen Milch und 4 EL Zucker. Gebt das Gemisch zusammen mit 1 kräftigen Prise Salz, dem Ei und dem Eigelb in die Rührschüssel einer Küchenmaschine. Vermischt den Teig mit dem Knetaufsatz auf niedriger Stufe 5 Minuten. Der Teig sollte letztendlich sehr homogen sein und sich leicht von der Schüsselwand lösen. Bemehlt den Teig leicht und lasst ihn zugedeckt an einem warmen Ort 2 Stunden aufgehen.

Rollt den Teig anschließend auf einer bemehlten Arbeitsfläche etwa 1 cm dick aus. Vermischt die Butter mit dem restlichen Zucker und streicht diese Masse über die gesamte Teigoberfläche. Schneidet nun von dem Teigblatt 2 cm breite Streifen ab und rollt diese vorsichtig auf wie eine Spirale.

Legt eine feuerfeste Auflaufform mit Backpapier aus und verteilt die Spiralen bzw. »Rosen« mit einem Abstand von 1 cm darin. Lasst sie mit einem Küchentuch bedeckt 1 weitere Stunde aufgehen.

Backt die Torta im auf 150 °C (Ober-/Unterhitze) vorgeheizten Backofen 40 Minuten oder bis sie goldbraun ist. Serviert sie am besten leicht warm.

Profiteroles

Ich habe als Kind diese Süßspeise bewundert. Sie zog mich im Urlaub verführerisch aus den Dessertvitrinen an und es bedurfte langen Bettelns und Flehens, bis mir mein erster Profiteroles-Schmaus vergönnt war. Leider waren jene aufgrund des hochprozentigen Kakaopulvers sehr bitter, sodass mein erstes Mal in einer herben Enttäuschung endete. Hier eine Version, die auch Kindern und vor allem dem Kind in uns schmecken wird.

1 STUNDE | BACKZEIT: 15 MINUTEN

FÜR 4 PERSONEN

Für den Teig
60 ml Milch
Salz
1 Prise Zucker
80 g Mehl
2 Eier
50 g Butter

Für die Füllung
300 g kalte Sahne
3 EL Puderzucker
Mark von ½ Vanilleschote
2 EL Mascarpone
2 EL ungesüßtes Kakaopulver plus etwas mehr zum Bestäuben

ZUBEREITUNG

Stellt einen sogenannten Brandteig, also einen gekochten Teig, her: Lasst dafür 60 ml Wasser, die Milch, 1 Prise Salz und den Zucker in einem Topf aufkochen. Fügt sogleich das Mehl hinzu. Rührt den Teig mit einem Kochlöffel bei mittlerer Temperatur, bis er sich leicht von der Topfwand löst und eine zähe Konsistenz aufweist. Gebt ihn danach in eine kalte Schüssel. Rührt nun ein Ei nach dem anderen und die Butter ein.

Füllt den Teig noch warm in einen Spritzbeutel und spritzt damit walnussgroße Pralinen auf ein mit Backpapier ausgelegtes Backblech. Backt die Profiteroles im auf 200 °C (Ober-/Unterhitze) vorgeheizten Backofen 15 Minuten. Lasst sie anschließend im leicht geöffneten Ofen abkühlen.

Schlagt für die Füllung die Sahne mit dem Puderzucker auf. Fügt das Vanillemark und den Mascarpone hinzu. Teilt die Masse in zwei Hälften und vermischt eine Hälfte mit dem Kakaopulver. Gebt die weiße Sahnefüllung in einen Spritzbeutel mit Metalltülle und füllt damit die Profiteroles.

Richtet die Profiteroles in Dessertgefäßen an und bedeckt sie mit der Kakaomasse. Noch etwas Kakaostaub darüberstauben und fertig ist euer Kindheitstraum!

Ein Tiramisu

Ohne Zweifel mein absolutes Lieblingsdessert, und das schon gefühlt seit immer. Es gibt viele Versionen des Tiramisu und viele akzentuieren dabei den Kaffee, die Kekse oder die Luftigkeit der Creme. Ich hingegen akzentuiere schlicht und einfach gerne den seidigen Mascarpone. Deshalb gibt es auch immer etwas extra davon auf der Seite.

20 MINUTEN

FÜR 6 PERSONEN

100 ml guter Eierlikör
500 g Mascarpone
80 g Zucker
Salz
1 EL Joghurt
2 EL Milch
Mark von ½ Vanilleschote
100 g geschlagene Sahne
200 ml starker, nicht zu heißer Kaffee
24 Löffelbiskuits (ich bevorzuge Pavesini, weil sie etwas dünner sind)
2 EL dunkles Kakaopulver

ZUBEREITUNG

Vermischt den Eierlikör, den Mascarpone, den Zucker, 1 Prise Salz, den Joghurt, die Milch und die Vanille mit einem Schneebesen, bis eine homogene, seidige Creme entstanden ist. Hebt dann die geschlagene Sahne unter.

Gebt abwechselnd eine Schicht in Kaffee getauchte Löffelbiskuits (seid dabei recht flink, sonst wird das Tiramisu sehr wässrig), eine Schicht Mascarponecreme, eine weitere Schicht Löffelbiskuits und eine letzte Schicht Creme in eine Auflaufform oder in Dessertgefäße, lasst dabei reichlich Creme zum Dippen übrig.

Serviert euer Tiramisu mit etwas Kakaopulver bestaubt und Mascarponecreme auf der Seite.

Maria Lusser

und ihre Schwiegertochter Johanna

Innervillgraten – Osttirol

Winter is coming

Es gibt nicht nur märchenhafte Schlösser und Burgen, sondern auch märchenhafte Höfe. Dessen wurde ich mir bewusst, als ich gemeinsam mit Udo und der gesamten Kameraausrüstung den Marsch zum Walchegger Hof wagte. Es war bereits März, aber der Winter hatte das Villgratental, ein Seitental Osttirols in unmittelbarer Nähe zur Südtiroler Grenze, noch fest im Griff: Dicke Schneemassen bedeckten die urige Landschaft, an den Hängen rissen Lawinen und Schneebretter Narben in die ansonsten so makellos weiße Fassade, dicke Schneeflocken tanzten unaufhörlich zu Boden. Alles war so ruhig, fast schon andächtig wie in einem gotischen Dom.

Ich hatte bereits Blut geschwitzt, als wir das quasi zugeschneite Grödnerjoch überquerten, um für eine andere Geschichte Anna Nagler in Alta Badia zu besuchen, und da hatte es sogar noch breite, geräumte Straßen mit überschaubarem Gefälle gegeben. Ich konnte dabei nicht ahnen, dass dies lediglich der Aperitivo für eine Reise in die Eiszeit sein sollte: Für die jetzige Geschichte in Innervillgraten angekommen, meinte Udo als Beifahrer: »Dort, dort müssen wir hin!« Er zeigte enthusiastisch auf einen Hof, der sich hoch und imposant am steilen Hang eines mächtigen Berges festklammerte. Udo grinste fröhlich, ich auch, bei mir war es aber gute Miene zum bösen Spiel. Mir war nämlich bereits klar, dass mein konventionelles Gefährt ohne Ketten nicht

ausreichen würde, um diesen Ritt zu bewältigen. Meine Vermutung bewahrheitete sich schlussendlich, als beim ersten Anstieg die Räder durchdrehten und wir ohne besonderen Überraschungseffekt im Schnee stecken blieben. Uns blieb nichts anderes übrig, als das Auto stehen zu lassen und den Marsch zu Fuß zu bewältigen. Obwohl wir es als Vinschger eigentlich beide besser hätten wissen müssen, waren wir nur in Jeans und leichten Sommerschuhen unterwegs. Aber weil wir eben Vinschger sind (und denen ist es bekanntlich selten zu kalt), sollte uns dieses Detail am Rande nicht davon abhalten, unsere kulinarische Mission weiterzuverfolgen und Schritt für Schritt, durch Schnee und Kälte, den Aufstieg zum Walchegger Hof zu wagen.

Ausgerüstet mit Fotokameras, Objektiven, Stativ und Kochbüchern stapften wir durch den Schnee und unterhielten uns köstlich. Ich vergaß für kurze Zeit die Lasten des menschlichen Lebens und begriff den Moment im Detail. Der qualmende Atem wies uns den Weg in der weißen Wüste, die so hell schimmerte, dass ich die Augen beim Gehen zukneifen musste. Und immer wieder führte unser Blick hoch zu diesem wunderschönen Hof, dessen Details sich immer besser erkennen ließen: Dunkle, erfahrene Holzbretter und aufwendig verzierte Balkons schmückten die Hausfassade. Eine dicke weiße Schneeschicht bedeckte das Schindeldach, welches bereits seit Jahrhunderten darin geschult war, ähnlich dem Titanen Atlas, die Lasten des Himmels auf sich zu tragen. Wir wurden andächtig im Kopf. Alles war gut so, wie es ist. Wann können wir Menschen, die wir uns so oft durch unsere unbegründete Unzufriedenheit auszeichnen, das denn schon behaupten?

Queen Mary I

Wir erzählten uns von Reisen und Erfahrungen, von Spannung und Witz, also der vollen Palette eines bewegten Lebens. Dabei sprachen wir natürlich auch über Maria Lusser, die Dame, die uns zu dieser waghalsigen Tour bewegte. Udo hatte sie vor 14 Jahren im Zuge eines Buchprojekts kennengelernt. Sie war als Meisterin der Villgratner Traditionsküche bekannt und musste bei seinem Projekt im letzten Moment für ihre Schwiegertochter Johanna, welche sterbenskrank ins Spital gebracht werden musste, einspringen. Zum Glück kam diese glimpflich davon, aber dazu noch später.

Maria hatte sich damals als eine heitere und schlagfertige Person herausgestellt. Sie war überaus wehrsam, mit Worten und mit Taten. Sie

erkannte die Ironie des Lebens und die Wichtigkeit, schöne Momente als solche anzuerkennen und zu genießen. So berichtete Udo schmunzelnd von einer Episode, bei der ihr ganzes Wesen zum Vorschein gekommen war. Für ein Shooting auf der Villgratner Alm, die von Maria bewirtet wurde, bot Udo ihr eine Mitfahrgelegenheit an. Er besaß damals einen schwarzen Porsche Cayenne, ein Gefährt, das auf den Forststraßen Osttirols durchaus ungewohnt erschien. Anna setzte sich baff und zugleich selbstsicher auf den Beifahrersitz und ließ sich chauffieren. Sie trug eine große modische Sonnenbrille, ein Kopftuch und eine Bauernschürze. Sie winkte anmutig aus dem Fenster, während sie Touristen und Einheimische, die große Augen machten, passierten. »Ich fühle mich wie die Queen«, meinte Anna. Und das war sie auch. Die Queen von Innervillgraten und die unangefochtene Herrscherin über Kasboller, Schlipfkrapfen und Nigelen. Sie strahlte und hatte sichtliche Freude damit, eine Show aus der Situation zu machen.

Tradition, eine Überbrückung von Generationen

Nun waren 14 Jahre vergangen und wir klopften mit nassen Füßen und beschneiten Köpfen an der Tür des wunderschönen Bauernhauses. Sogleich wurden wir herzlich von zwei charmanten und aufgeweckten Damen begrüßt. Der Tochter Marias namens Anneliese sowie der Schwiegertochter Johanna und zugleich Köchin des Hauses. Sie wäre ursprünglich dafür zuständig gewesen, für Udos Bäuerinnen-Kochbuch von damals vorzukochen. Eine akute Gehirnblutung kam dazwischen und hätte sie fast das Leben gekos-

tet. Es stand geraume Zeit nicht gut um sie, aber zum Glück entkam sie mit viel Kampfgeist dieser schrecklichen Situation, konnte jetzt wieder aus dem Vollem schöpfen und uns von ihrem Können überzeugen. Maria war hingegen schon seit zwei Jahren nicht mehr unter uns. Bilder von ihr und ihrem bezaubernden Lächeln schmückten Küche und Stube und auch die Geschichten über sie waren lebendiger denn je. Wir kamen fast nicht zum Kochen, so sehr schweiften unsere Gespräche ab in die Vergangenheit und zu jener Frau, die keinem mehr aus dem Kopf gehen wollte. Alle nannten sie liebevoll Mamme oder Oma, denn das wird man halt irgendwann, wenn es Kinder und Enkel gibt. Johanna hatte ein kleines Rezeptbüchlein, wo sie die Gerichte von Maria und ebenso ihre eigenen festhielt. Genauestens ging es dabei um Methoden, Vorgänge und Maße. Das war das Vermächtnis der Schwiegermama, die ihr so viel über das Kochen beigebracht hatte.

Das ist eigentlich der wahre Ursprung von Tradition: die Überbrückung von Generationen durch Schrift, Mentalität, Ritus und Sprache. Ein Teil von uns, der nach unserem Tod fortlebt und womöglich auch immer mit unseren Gedanken und

unserer Person in Verbindung steht. Wir Historiker nennen diese Art der Tradition, beruhend auf den Theorien von Jan Assmann, das kommunikative Gedächtnis. Wir erinnern uns daran, wo wir herkommen, aus den Erzählungen, Methoden, Bildern und Schriften einer Person, die wir selbst oder andere noch gekannt hatten. Das könnte also ein Sprichwort, ein Foto, aber ebenso gut ein Rezept sein. Geht es um historische Akteure, die lange vor unserer Zeit lebten und trotzdem Einfluss auf unsere Identität und unser Handeln im Jetzt und Hier nehmen, dann sprechen wir dabei vom kulturellen Gedächtnis. Solche Akteure könnten für uns Südtiroler z. B. Andreas Hofer oder der Ritus des Herz-Jesu-Feuers sein. In jedem Fall geht es um eine Erfahrung, die weiter in die Vergangenheit oder auch Zukunft reicht, als es unsere tatsächliche Lebensdauer erlauben würde. Es geht um Wurzeln, um eine Selbstwahrnehmung, die über Geburt und Tod hinausreicht, um eine Rolle im Kontext Mensch und Erde und somit nicht zuletzt auch um unsere Identität, unser Selbstwertgefühl, unsere Werte, also um all das, was wir als gut oder böse, richtig oder falsch empfinden. Tradition muss gelebt oder zumindest konserviert werden, sonst verschwindet sie.

Dem ist nichts hinzuzufügen

Aber jetzt wieder zurück in die warme Stube im verschneiten Innervillgraten. Johanna war sehr genau und bedacht in allem, was sie tat. Sie salzte das Wasser für die Plente und kostete es sogleich mit einem Löffel. Es war ihr wichtig, dass alles perfekt gelingt, nicht nur für uns und die Kamera, sondern auch für die hungrige Familie, die pünktlich um zwölf Uhr in die warme Küche stürmen

Südtirol
Fine & Fancy

sollte, um ihre »ungemochte Plente« (Polenta süß oder salzig verfeinert) zu verkosten.

Als kleinen Snack vorab erhielten wir dabei schon etwas hofeigene Butter mit selbst gemachtem Schwarzbrot. Wir waren hin und weg. Die Perfektion dieser einfachen Speise, des guten alten Butterbrots, faszinierte mich unheimlich. Perfektion ist, wenn man nichts mehr wegnehmen kann, und so verhielt es sich mit diesem Butterbrot. Das Brot fluffig und schmackhaft, mit entschlossener Kruste und genau dem richtigen Biss. Die Butter cremig und mit einem Charakter, wie man ihn nur von Rohmilch und dem handwerklichen Herstellungsverfahren erwarten kann. Ich könnte meine Ode an dieses Butterbrot über viele Buchseiten in die Länge ziehen. Aber es war bei Weitem nicht die einzige Leckerei, die uns an jenem Tag erwartete.

Wie bereits erwähnt, traf pünktlich um zwölf Uhr eine Schar von fleißigen Männern ein, die schon seit den frühen Morgenstunden harte Arbeit leisteten. Während Johanna die letzten Feinschliffe an ihren Gerichten tätigte, machten sie es sich vor dem Fernseher in der urigen Stube gemütlich. Obwohl die Lautstärke des Fernsehers überdurchschnittlich hoch war, hörte man so manchen Schnarcher durch das Holzgetäfel dringen. Aber dann war Essenszeit: alle zu Tisch und nicht ein Einziger rührte die Gabel an, bevor Johanna nicht das Tischgebet vollendet hatte. Dann begann der Schmaus mit einer »Freestyle-Käsesuppe« (siehe Seite 116), einer Art Einbrenne, die mit verschiedenen geriebenen Käsesorten und etwas Schnittlauch verfeinert wurde. Schlicht, herzerwärmend und sehr elegant im Geschmack. Daraufhin folgte zweierlei Plente (Polenta), einmal pikant mit hausgemachtem Frischkäse und einmal süß mit Zucker und Mohn. Dazu gab es ein Glas von der noch lauwarmen, hofeigenen Milch, die schmeckte, wie es keine Milch aus dem Tetra Pak je konnte. Die starken Männer am Tisch stürzten sich zu meiner Überraschung sämtlich auf die süße Plente, während mir vor allem die pikante Version imponierte. Als krönenden Abschluss gab es hausgemachten Joghurt mit na-

türlich ebenso hausgemachter Schwarzbeermarmelade, eine Kombination, die so gut schmeckte, dass ich um Nachschlag bitten musste.

Alle drei Gerichte verkündeten, wie schon das Butterbrot zuvor, freudig denselben Tenor: Weniger ist oft mehr, beim Essen wie beim Lebensstil. Letzterer passte dazu. Auch die Männer des Hauses, Ehemann, Schwager und Sohn, waren unglaublich nett und hilfsbereit (sie fuhren uns übrigens danach wieder ins Tal). Bodenständig zu sein, war hier noch eine Tugend und ich bewunderte dies sehr. Auch nach dem Essen wurde gebetet, und das ausgiebig. Ich gebe zu, die Kirchenbank sieht mich relativ selten, doch mir gefiel daran vor allem die Verkündung von Dankbarkeit. Dankbarkeit dafür, dass man in der warmen Küche, die wie so oft das Herz des familiären Zusammentreffens zu sein schien, gemeinsam mit seinen Liebsten ein warmes, einfaches, aber köstliches Essen verzehren durfte. Können Dankbarkeit und Bodenständigkeit womöglich so etwas wie ein Rezept für ein erfülltes Leben sein? Hier wirkten alle sehr glücklich und zufrieden, fern der Ambition, Influencer zu werden. Meine Gedanken schweiften umher, über den Sinn des Lebens und das Glück per se. Einen finalen Schluss wird es nie geben, denn wir leben ja immerhin verschieden und nehmen unterschiedlich wahr, von Mensch zu Mensch und von Moment zu Moment. Eines war mir aber klar: Für mich war jenes Essen, jener Moment in jenem Ort, mit jenen Menschen, schlicht perfekt. Dem ist also nichts hinzuzufügen.

Angemochte Plente, zwei Versionen

Nicht nur die Norditaliener essen gerne Polenta, auch im westlichsten Osttirol ist die Maisgrütze, die sich vor allem in Kriegszeiten als dankbare Ernährerin erwies, überaus beliebt. In diesem Falle als geschichteter Auflauf, jedoch nicht nur salzig, sondern auch süß. Einfach und genial zugleich!

45 MINUTEN

FÜR 4 PERSONEN

Für die Polentabasis
Salz
150 g feine Polenta
60 g Butter

Für die süße Version
8 EL Mohnsamen, geröstet
4 EL Zucker

Für die salzige Version
200 g Kasboller (siehe Rezept Seite 128)

ZUBEREITUNG

Bringt für die Polentabasis 600 ml Wasser in einem Topf zum Kochen und salzt es leicht. Reduziert die Temperatur, sodass das Wasser lediglich köchelt, und lasst das Polentamehl sehr langsam und unter ständigem Rühren einrieseln. Idealerweise verwendet ihr dabei einen Schneebesen.

Bringt alles erneut zum Kochen und rührt unaufhörlich, sonst entstehen nämlich Klümpchen oder die Polenta brennt an. Reduziert nun die Temperatur und lasst die Polenta zugedeckt 30 Minuten köcheln, rührt dabei gelegentlich um.

Schmelzt in der Zwischenzeit die Butter und erhitzt sie so lange, bis sie sich goldgelb färbt und nussig duftet.

Vermischt für die süße Version den Mohn und den Zucker. Reibt für die salzige Version den Kasboller in feine Brösel.

Bereitet nun zwei bauchige Gefäße vor und schichtet eure Polenta wie eine Lasagne darin ein. Zuerst die Polenta dünn ausstreichen, dann eine Schicht Mohn oder Käse usw., bis alles aufgebraucht ist.

Tipp
Ich empfehle euch, gleich beide Versionen zuzubereiten, dann habt ihr etwas mehr Abwechslung und Spaß am Teller. Eine Ode an die Bauernküche!

Freestyle-Käsesuppe

Wir waren gerade dabei, Johannas »Angemochte Plente« zu kochen, dann fiel ihr plötzlich ein: Haben wir denn genug zu essen für alle? Man bedenke, sie kochte nicht nur für mich und Udo, sondern für den ganzen Hofrat. Sogleich stellte sie etwas Wasser auf, holte verschiedene Käse aus der Gefriertruhe, röstete etwas Brot und zauberte eine Suppe, die von Geschmack und Charakter nur so strotzte! Hier ein wahrer Tipp für den Alltag, danke dafür, Johanna!

15 MINUTEN

FÜR 4 PERSONEN

Für die Suppe
½ Zwiebel, in feine Würfel geschnitten
30 g Butter
30 g Weizenmehl
300 g gehobelter oder fein geschnittener Käse nach Wahl
Salz
frisch geriebene Muskatnuss
frisch gemahlener Pfeffer
2 EL feine Schnittlauchröllchen

Für die Croûtons
100 g Brot (frisch oder altbacken)
1 EL Butter

ZUBEREITUNG

Schwitzt für die Suppe die Zwiebel in der Butter bei niedriger Temperatur an, bis sie glasig und weich ist. Gebt dann das Mehl dazu und schwitzt es 5 Minuten an, ohne jedoch Farbe zu erzeugen.

Gebt anschließend 1,2 l Wasser dazu und bringt die Suppe zum Kochen. Fügt dann den Käse hinzu. Schmeckt mit Salz, Muskat und Pfeffer ab. Rührt alles gut mit einem Schneebesen um, oder, falls ihr eine homogenere Suppe möchtet, nehmt den Pürierstab und mixt alles fein.

Schneidet für die Croûtons das Brot in 2 cm große Würfel. Bratet es in der Butter an, bis es knusprig ist.

Serviert die Suppe mit den Croûtons und dem Schnittlauch. Wenig Aufwand und viel Geschmack!

Tipp

Johanna hat für diese Suppe jegliche Käsereste verwendet, die sie in der Gefriertruhe aufbewahrt hatte. Das ist sehr schlau, denn Käse und vor allem die Rinde sind natürliche Träger von jeder Menge Umami und Geschmack. Zudem lässt sich auch so mancher Weichkäse besser zerkleinern, wenn er gefroren ist. Wieder mal was gelernt!

Fleischpfrigellan

Wer sich noch nie so richtig mit dem Thema Nudelteig beschäftigt hat, hat hier den wahrscheinlich einfachsten Ansatz dafür. Dieser zerbröselte Teig erinnert ein wenig an die Herstellung von sardischer Fregola oder Couscous und schmeckt hervorragend als Suppeneinlage. Also keine Angst, Hände bemehlen und loslegen!

10 MINUTEN

FÜR 4 PERSONEN

120 g Weizenmehl plus etwas mehr zum Arbeiten
2 Eier
Salz
1,5 l Fleisch- oder Gemüsebrühe
70 g Speck
2 EL feine Schnittlauchröllchen

ZUBEREITUNG

Häuft das Mehl auf einer geräumigen Arbeitsfläche auf. Formt oben in der Mitte eine Mulde. Gebt die beiden Eier und 1 Prise Salz dort hinein. Verquirlt die Eier mit einer Gabel und führt dabei stetig etwas Mehl von den Rändern in die Mitte, bis ein fester Teig entsteht. Knetet den Teig nun einige Minuten, bis er eine homogene Konsistenz hat.

Nehmt ein kleines Stück vom Teig und zerbröselt ihn zwischen den bemehlten Händen. Dadurch entstehen kleine, unregelmäßige Pastastücke: unsere Pfrigellan.

Erhitzt die Brühe. Schneidet den Speck in kleine Würfel und gebt ihn dazu. Sobald die Brühe zu kochen beginnt, die Pasta dazugeben. Lasst alles 2 Minuten leise köcheln und rührt dabei gelegentlich um.

Schmeckt anschließend mit Salz ab und serviert eure Fleischpfrigellan mit dem Schnittlauch.

Tiroler Speckknödel mal anders

Wir haben uns mit so manchem Knödelrezept beschäftigt, denn jeder macht sie irgendwie ein bisschen anders. Während sie in Südtirol hauptsächlich aus Brot bestehen, wurden sie bei Maria im Villgratental mit wesentlich mehr Mehl und Fleisch zubereitet. Es lebe die Vielfalt!

⌛ 40 MINUTEN

FÜR 4 PERSONEN

150 g Speck
100 g geräucherte Wurst
270 g Knödelbrot (alternativ altbackenes Weißbrot, in Würfel geschnitten)
100 g Weizenmehl
3 Eier
250 ml Milch
Salz
feine Schnittlauchröllchen zum Servieren

ZUBEREITUNG

Schneidet den Speck und die Wurst in feine Würfel. Vermischt sie in einer großen Schüssel mit dem Knödelbrot und dem Mehl.

Verquirlt die Eier und die Milch miteinander. Salzt die Masse ein wenig. Gießt sie gleichmäßig über das Brot-Fleisch-Gemisch und vermischt alles, ohne dabei zu viel zu drücken. Lasst den Teig 10 Minuten ziehen.

Formt nun mit nassen Händen Knödel daraus (siehe Rezept »Spinat- und Rohnenknödel« Seite 26) und kocht sie in leicht siedendem Salzwasser 15 Minuten. Sobald die Knödel an der Oberfläche schwimmen, herausnehmen.

Serviert sie sofort mit dem Schnittlauch – am besten in einer Suppe oder mit Salat.

Tipp

In Villgraten serviert man zu den Knödeln zudem etwas geronnene Milch (Dickmilch), die durch die leichte Säure unheimlich gut dazu passt. Um die herzustellen, gibt es zwei Methoden: entweder die Rohmilch schlicht und einfach bei Zimmertemperatur 24 Stunden stehen lassen, bis die natürliche Fermentation einsetzt. Oder die Milch leicht erwärmen und den Prozess mit der Zugabe von etwas Zitronensaft beschleunigen (siehe Rezept »Kasboller« Seite 128).

Kaspressknödel

Und weiter geht unsere Knödeltournee: Wir hatten Knödel bereits zweimal, in gekochter oder gedämpfter Variante, also wird es jetzt Zeit für etwas Gebratenes. Kaspressknödel gibt es nicht nur im österreichischen Tirol, sondern auch im Osten Südtirols. Hier eines der vielen Rezepte, die uns Alpenländer heilig sind: Es enthält geriebene Kartoffeln und bildet dadurch einen weiteren spannenden Zugang zum Knödelolymp.

40 MINUTEN

FÜR 4 PERSONEN

200 g Kartoffeln
300 g schmelzfähiger Bergkäse
250 g Knödelbrot (alternativ altbackenes Weißbrot, in Würfel geschnitten)
1 Zwiebel, in feine Würfel geschnitten
4 EL Butter (alternativ Butterschmalz)
1 kleines Bund Petersilie, fein gehackt
400 ml Milch
2 Eier
Salz
frisch gemahlener Pfeffer
frisch geriebene Muskatnuss

ZUBEREITUNG

Schält die Kartoffeln und kocht sie gar, lasst sie abkühlen und zerdrückt sie grob. Schneidet den Käse in kleine Würfel. Vermischt die Kartoffeln mit dem Knödelbrot und dem Käse.

Schwitzt die Zwiebel in etwas Butter an, bis sie glasig und weich ist. Gebt sie zusammen mit der Petersilie, der Milch, den Eiern, 1 Prise Salz, 1 Prise Pfeffer und etwas Muskat zur Brotmasse und vermischt alles gründlich, aber mit Gefühl: Die Knödel sollten später nämlich immer die Luftigkeit des Brotes innehaben. Lasst den Teig 10 Minuten im Kühlschrank ruhen.

Befeuchtet anschließend die Hände mit etwas Wasser und formt aus dem Teig kleine Fladen, ähnlich Kartoffelpuffern. Drückt sie dabei nicht zu fest zusammen.

Erhitzt die restliche Butter in einer antihaftbeschichteten Pfanne und bratet darin die Kaspressknödel bei mittlerer Temperatur an, bis sie von beiden Seiten goldbraun sind.

Serviert die Knödel sofort – am besten in einer kräftigen Suppe oder mit einem frischen Salat.

Villgrater Schlipfkrapfen

In Villgraten werden die sonst im Pustertal und in Alta Badia sehr beliebten Schlutzkrapfen (siehe Seite 28) ein kleines bisschen anders zubereitet. Hier also noch mal etwas Vergleichs- und Probematerial für all diejenigen, die sich zum Tiroler-Teigtaschen-Spezialisten küren lassen möchten.

90 MINUTEN

FÜR 6 PERSONEN

Für den Teig
300 g Weizenmehl Type 00
3 EL Samenöl
1 Ei
Salz

Für die Füllung
600 g Kartoffeln
1 Stange Lauch
1 Zwiebel, in feine Würfel geschnitten
2 Knoblauchzehen, in feine Würfel geschnitten
Butter zum Anschwitzen
1 kleines Bund Kräuter (z. B. Petersilie, Schnittlauch, Majoran), gehackt
1 Ei
Salz
frisch gemahlener Pfeffer
frisch geriebene Muskatnuss

Für das Topping
6 EL Butter
100 g zerbröselter Frischkäse (siehe Rezept »Kasboller« Seite 128)
2 EL feine Schnittlauchröllchen

ZUBEREITUNG

Gebt für den Teig das Mehl, das Öl, das Ei, 2 EL Wasser und 1 Prise Salz in die Rührschüssel einer Küchenmaschine und vermischt alles mit dem Knetaufsatz auf niedrigster Stufe 5 Minuten bzw. bis ein glatter und homogener Teig entsteht. Wickelt ihn in Frischhaltefolie und lasst ihn 30 Minuten im Kühlschrank ruhen.

Kocht für die Füllung in der Zwischenzeit die Kartoffeln gar.

Schneidet den Lauch in feine Würfel. Schwitzt ihn zusammen mit der Zwiebel und dem Knoblauch in etwas Butter bei niedriger Temperatur an, bis alles glasig und weich ist, das bildet dann die Geschmacksbasis.

Schält die gegarten Kartoffeln und drückt sie durch eine Kartoffelpresse. Gebt das Zwiebelgemisch, die Kräuter, das Ei, etwas Salz, Pfeffer und Muskat dazu. Vermischt alles zu einer homogenen Füllung.

Verfahrt nun wie im Rezept der Schlutzkrapfen (siehe Seite 28) und kocht die Schlipfkrapfen im leicht köchelnden Salzwasser 5 Minuten.
Schmelzt für das Topping die Butter, bis sie leicht bräunlich geworden ist und nussig duftet. Serviert die Schlipfkrapfen mit der Nussbutter, dem zerbröselten Frischkäse und dem Schnittlauch.

Tiroler Kasspatzlen

Ich habe bemerkt, dass man sich beim Thema Spätzle oder Knöpfli oder wie auch immer man sie nennen mag, in sehr gefährliches Terrain begibt. Immerhin sind sie ein Nationalgericht der Vorarlberger, der Schwaben, der Ostschweizer und ja, auch der Tiroler. Immer etwas anders, aber dem ähnlichen Prinzip folgend. Hauptsache, es schmeckt gut, oder?

30 MINUTEN

FÜR 4 PERSONEN

Für den Teig
120 ml Mineralwasser
4 Eier
1 EL Samenöl
Salz
frisch geriebene Muskatnuss
300 g Weizenmehl Type 00
frisch gemahlener Pfeffer

Für die Sauce
100 g Sahne
200 g geriebener schmelzfähiger Bergkäse
2 EL Butter

Für das Topping
frische Kresse
Röstzwiebeln

ZUBEREITUNG

Vermischt für den Teig das Mineralwasser (es macht eure Spätzle fluffig), die Eier und das Öl in einer Schüssel. Würzt mit Salz und Muskat. Gebt schrittweise das Mehl dazu und rührt es kräftig mit einem Schneebesen und dann einem Kochlöffel ein, bis ein geschmeidiger, zähflüssiger Teig entsteht. Lasst ihn 5 Minuten ruhen.

Bringt in der Zwischenzeit reichlich Salzwasser in einem Topf zum Kochen. Reibt den Teig mit einem Spätzlehobel in das leicht kochende Wasser, rührt dabei gelegentlich um. Sobald die Spätzle an der Wasseroberfläche schwimmen, abseihen, dabei ein paar EL Kochwasser zurückbehalten.

Für die Sauce die Sahne, das zurückbehaltene Kochwasser, den Käse und die Butter in eine Pfanne geben. Die Spätzle bei niedriger Temperatur sofort darin durchschwenken.

Sobald der Käse geschmolzen ist und sich eine fantastisch cremige Sauce gebildet hat, sind eure Tiroler Kasspatzlen fertig. Serviert sie mit etwas frisch gemahlenem Pfeffer und einem Topping aus etwas Kresse und knusprigen Röstzwiebeln.

Kasboller (getrockneter Kräuterkäse und -aufstrich)

Wir sprachen bereits bei unseren Pfrigellan darüber, wie einfach es sein kann, selber Pasta zu machen. Nun sprechen wir darüber, wie einfach es sein kann, selber Käse zu machen. Man braucht nur das richtige Maß an Mut, Geduld und Übung, dann ist alles machbar.

30 MINUTEN | TROCKENZEIT: 1 WOCHE

FÜR 300 G AUFSTRICH ODER FÜR 1 KÄSEKUGEL (KASBOLLER)

1 l Frischmilch (idealerweise Rohmilch, keinesfalls H-Milch)
Saft von 2 Zitronen
Salz

Außerdem für den Aufstrich:
2 EL fein geschnittener Bergschnittlauch

ZUBEREITUNG

Erhitzt die Milch bis kurz vor dem Siedepunkt (85 °C) und nehmt den Topf sogleich vom Herd. Rührt nun nach und nach mit einem Kochlöffel den Zitronensaft ein (alternativ funktioniert natürlich auch Lab).

Lasst den Topf nun 10 Minuten stehen und beobachtet, wie sich die Milch in Käse und Molke trennt. Legt in der Zwischenzeit ein Sieb mit einem Käsetuch (alternativ funktioniert auch ein sauberes Küchentuch) aus. Siebt dann darin den Käse ab. Lasst den Käse 30 Minuten abtropfen. Gebt ihn anschließend in eine Schüssel.

Vermischt den entstandenen Frischkäse mit 1 Prise Salz und dem Schnittlauch. Fertig ist der Aufstrich.

Um hingegen Kasboller herzustellen, braucht es statt dieses Schritts noch weitere Arbeitssteps. Vergewissert euch, dass der Käse sehr trocken abgetropft ist, und formt eine Kugel daraus. Drückt dabei überschüssiges Wasser aus dem Käse, denn er muss nun trocknen. Salzt ihn erneut leicht auf der Oberfläche und legt ihn auf einem Holzbrett an einen trockenen, kühlen Ort mit genügend Luftaustausch. Lagert ihn dort 1 Woche und dreht ihn dabei jeden Tag um, sodass er von allen Seiten gleichmäßig trocknen kann.

Kasboller eignen sich perfekt als Reibekäse für Knödel, Schlipfkrapfen, Polenta und alles, was einen würzigen Touch vertragen kann.

Kniakiachl

Kniakiachl werden vor allem im Osten Südtirols, in Osttirol und in Nordtirol zubereitet. Sie werden oft bei Märkten und Festen als Streetfood angeboten und es gibt sie salzig, mit reichlich Sauerkraut oder wie in diesem Falle süß, mit Marmelade. Die Kiachl selbst sind immer die gleichen, man kann also auch im letzten Moment entscheiden, wie man sie gerne vollenden möchte.

20 MINUTEN | RUHEZEIT DES TEIGS: 1½ STUNDEN

FÜR 20 STÜCK

50 g Butter
250 ml Milch
25 g frische Hefe
50 g Zucker
500 g Weizenmehl Type 00 plus etwas mehr zum Arbeiten
3 Eier
1 TL Salz
20 ml Grappa
1 l Frittieröl oder Butterschmalz zum Ausbacken

ZUBEREITUNG

Bringt die Butter langsam zum Schmelzen. Vermischt sie mit der Milch, der zerbröselten Hefe und dem Zucker. Lasst dieses Dampfl (Vorteig) 10 Minuten ziehen.

Gebt in der Zwischenzeit das Mehl auf eine geräumige Arbeitsfläche, häuft es auf und formt oben in der Mitte eine Mulde. Gebt dort die Eier, das Salz, den Grappa und den Vorteig hinein. Arbeitet diese Mischung von innen nach außen in das Mehl ein, zuerst mit einer Gabel, dann mit den Händen. Diese Handarbeit macht Spaß, aber natürlich könnt ihr dafür auch eine Küchenmaschine mit Knetaufsatz verwenden. Bearbeitet den Teig so lange, bis er homogen wirkt und nicht mehr auf der Arbeitsfläche haften bleibt.

Teilt ihn anschließend in 20 gleich große Stücke und formt daraus kleine Kugeln. Gebt sie auf ein bemehltes Brett oder Backblech, verstreut etwas Mehl darüber, deckt sie mit einem Küchentuch zu und lasst sie an einem warmen Ort 1 Stunde aufgehen, bis sie ihr Volumen mindestens verdoppelt haben.

Erhitzt in einem großen Topf reichlich Öl oder Butterschmalz auf 170 °C. Nehmt die Teigkugeln und drückt mit den Fingern vorsichtig ein Loch in die Mitte des Teigs. Arbeitet euch nun mit den Fingern von innen nach außen, um den Teig rund und flach zu formen, er sollte bis zum Schluss einer kleinen neapolitanischen Pizza ähneln.

Backt die Kniakiachl in dem Topf vorsichtig und von beiden Seiten goldbraun aus. Serviert sie noch warm – am besten mit Sauerkraut oder guter Preiselbeermarmelade (siehe Seite 40).

Mohnblattln

In ganz Tirol ist es üblich, dass man am Neujahrstag seinen Nachbarn einen Besuch abstattet. Meistens zieht dann schon früh am Morgen die Musikkapelle von Haus zu Haus und die Erwachsenen packen viel zu früh ihre besten Spirituosen aus. Für die Kinder gibt es hingegen was Süßes: eine Limonade, eine Tafel Schokolade oder, wie bei den Villgratenern, ein köstliches hausgemachtes Gebäck.

30 MINUTEN | BACKZEIT: 12 MINUTEN

FÜR 4 PERSONEN

Für den Mürbteig
500 g Weizenmehl plus etwas mehr zum Arbeiten
16 g Backpulver
200 g kalte Butter
3 Eier
150 g Zucker
Mark von ½ Vanilleschote
Salz

Für das Topping
50 ml Milch
150 g Zucker
300 g gemahlene Mohnsamen

ZUBEREITUNG

Vermischt für den Mürbteig das Mehl mit dem Backpulver. Häuft die Mischung auf einer geräumigen, kühlen Arbeitsfläche auf und formt oben in der Mitte eine Mulde. Schneidet die Butter in Würfel. Gebt die Butter, die Eier, den Zucker, die Vanille und 2 Prisen Salz in die Mulde.

Zerbröselt nun mit den Fingerspitzen das Mehl mit der Butter und den restlichen Zutaten, sodass eine Art Sand entsteht. Führt diesen Teig zusammen und formt dann eine homogene Kugel daraus. Wickelt den Mürbteig in Frischhaltefolie und lasst ihn 30 Minuten im Kühlschrank ruhen.

Erhitzt für das Topping in der Zwischenzeit die Milch. Gebt den Zucker dazu. Verrührt alles, bis sich eine homogene Glasur gebildet hat. Röstet den Mohn in einer Pfanne leicht an.

Rollt den Teig auf einer bemehlten Arbeitsfläche etwa 3 cm dick aus. Stecht daraus Kreise mit etwa 15 cm Durchmesser aus, ihr könnt dafür einen kleinen Teller oder eine Müslischale verwenden.

Den Backofen auf 180 °C Ober-/Unterhitze vorheizen. Gebt die Blattln auf ein mit Backpapier ausgelegtes Backblech und backt sie im vorgeheizten Ofen 12 Minuten.

Bepinselt anschließend die noch warmen Teigkreise mit der Glasur und streut großzügig Mohn darüber. Voilà, fertig sind die Mohnblattln!

Villgrater Nigelen

Hier ein weiteres Gebäck mit Festtagscharakter! Die Nigelen erinnern mich etwas an Faschingskrapfen und schmecken eindeutig am besten, wenn sie aus Butterschmalz ausgebacken werden. Sehr wichtig ist zudem der Anis, er verleiht diesem Osttiroler Klassiker das gewisse Etwas.

30 MINUTEN | RUHEZEIT DES TEIGS: 1½ STUNDEN

FÜR 20 NIGELEN

25 g frische Hefe
100 g Zucker
250 ml lauwarme Milch
500 g Weizenmehl plus etwas mehr zum Arbeiten
1 TL Salz
4 Eier
100 g weiche Butter
20 ml Rum
1 EL Anissamen
1 l Butterschmalz oder Frittieröl zum Ausbacken
Puderzucker zum Bestauben

ZUBEREITUNG

Vermischt die Hefe, den Zucker und die Milch miteinander. Lasst das Gemisch 10 Minuten ziehen und fermentieren.

Gebt in die Rührschüssel einer Küchenmaschine mit Knetaufsatz das Mehl, das Salz, die Eier, die Butter, den Rum und die Anissamen. Fügt nun das Hefe-Milch-Gemisch hinzu und knetet alles auf niedrigster Stufe 5 Minuten oder bis der Teig sehr glatt wirkt und sich leicht von der Schüsselwand löst. Natürlich könnt ihr den Teig auch von Hand auf der Arbeitsfläche kneten, agiert, wie ihr Lust und Zeit habt. Lasst den Teig in der zugedeckten Schüssel 45 Minuten aufgehen.

Rollt den Teig anschließend etwa 2 cm dick aus. Stecht daraus mit einem Keksausstecher (etwa 5 cm Durchmesser) kleine Plätzchen aus. Gebt sie auf ein bemehltes Blech oder Brett. Wiederholt den Prozess, bis der Teig aufgebraucht ist. Deckt die Nigelen mit einem Küchentuch zu und lasst sie erneut an einem warmen Ort ohne Zugluft 45 Minuten aufgehen.

Erhitzt Schmalz oder Öl in einer geräumigen Pfanne auf 170 °C. Backt darin die Nigelen von beiden Seiten goldbraun aus. Gebt sie anschließend auf ein Küchenpapier zum Abtropfen.

Bestaubt die Nigelen zuletzt mit Puderzucker und serviert sie sofort. Gutes Naschen wünsche ich!

Oma Hanni

Hotel-Restaurant Greif – Mals im Vinschgau

Eine fast vergessene Kunst

Zu meinen Lieblingsspeisen gehören nach wie vor Innereien. Die wurden seit dem Auftreten des Massenkonsums in den meisten westlichen Ländern von der Speisekarte gestrichen. Die Folge ist, dass wir Tiere schlachten, um wenige Einzelteile zu verkaufen/verzehren, und den »Rest«, wozu auch die Innereien zählen, einfachheitshalber wegschmeißen. Ich gebe dafür nicht nur der Lebensmittelindustrie und den verwöhnten und realitätsfremden Endkonsumenten die Schuld. Auch wir Köche und Restaurants haben uns wenig Zeit genommen, um die Tiere von »Nose to Tail« zu verarbeiten, um ein Wagnis auf die Speisekarte zu setzen und um unsere Kreativität im vollsten Maße auch den Innereien zu widmen. Ganz anders ist dies bei Hanni Höller-Sagmeister vom Restaurant und Hotel Greif in Mals. Sie ist ein echter Profi, was die Innereien- und, spannenderweise, gleichzeitig die vegetarische Küche betrifft. Das Restaurant hatte nämlich die erste vegetarische Menüoption im gesamten Tal und wurde durch seinen nachhaltigen Ansatz weitbekannt.

Der Bärenhunger

Am 16. Oktober, zum Gedenktag des heiligen Gallus, findet in Mals der Jahrmarkt, der sogenannte Gollimorkt, statt. Ähnlich wie beim Sealamorkt in Glurns darf dabei die saure Kuttelsuppe nicht fehlen. Dabei handelt es sich um eine schmackhafte Suppe, die mit den Kutteln, den Rindervormägen, zubereitet und mit Essig leicht säuerlich abgeschmeckt wird. Klingt auf den ersten Moment vielleicht etwas ungewohnt, ist aber definitiv ein kulinarisches Erlebnis mit sehr vielen authentischen Geschmäckern. Vor allem, wenn ihr Glück habt und eure »Saure« von Hanni zubereitet wird, denn sie, und das weiß jeder, macht die beste.

Nun war es letzten Herbst wieder so weit: Die Sonne strahlte noch gerade kräftig genug, um dem eisigen Vinschger Wind zu trotzen, und ich setzte mich mit einem Bärenhunger auf die Terrasse des Traditionshauses Greif, bestellte eine Kuttelsuppe und ein Bier dazu. Bald kam sie daher, dampfend heiß und wohlriechend. Der Rest war ein Gaumenschmaus: zarte und fein geschnittene Kuttelstreifen, die richtige Balance zwischen Säure und pfeffriger Schärfe, und das rege Markttreiben im Hintergrund. Ich war hin und weg und musste deshalb sogleich meine Komplimente an die Chefköchin ausrichten. Ich hatte sogar die Ehre, dass die groß gewachsene Hanni zu mir an den Tisch kam, um sich für die netten Worte zu bedanken. Ich nutzte die Gunst der Stunde und nahm endlich meinen gesamten Mut zusammen, um Hanni nach ihrem Rezept zu fragen. Sie lachte verlegen und errötete leicht.

Nach kurzem Zögern willigte sie zwar ein, folgte dabei jedoch dem Vorbild des heiligen Gallus. Der hatte laut der Heiligensage einem Bären, der ihn verschlingen wollte, im Namen Gottes befohlen, Holz für sein Feuer zu holen, denn wer mitspeisen will, muss auch etwas zur Zubereitung beitragen. Der Bär bekam nach getanem Dienst ein Stück Brot von Gallus und aß an jenem Tag vegetarische Kost. Ich würde mich nicht als Bär bezeichnen, aber Hanni meinte: »Jo mogsch lei kemmen. Muasch mr holt in dr Kuch helfn!«, »Ja komm gerne vorbei. Dafür musst du mir aber in der Küche helfen!«. Ich sah diese Gegenleistung als Privileg und durfte deshalb einen Tag mit Hanni in der Küche stehen, ihr assistieren und dabei die Geheimnisse der Greif-Kuttelsuppe kennenlernen.

»Die Kuttln waschen«

Fast ein halbes Jahr später ging die Sache dann sogar noch weiter. Durch meine Kontakte zu Hannis Enkelin Eva (sie hatte ein Sommerpraktikum bei mir in der Küche absolviert) hatten wir Hanni dazu überreden können, an unserem Buchprojekt teilzunehmen. Und endlich war es so weit: Zusammen mit Udo und dem Videografen Tom war die selbstbewusste Frau also jetzt von drei neugierigen Männern umgeben. Ohne Berührungsängste gab sie damit gleich ein bisschen bei einer ihrer Köchinnen an und machte alle darauf aufmerksam, dass Hanni nun am Herd war. Auch mir gegenüber war sie zum Glück sehr direkt und nahm kein Blatt vor den Mund. Als ich beispielsweise die Einbrenne für die Suppe salzen sollte und das aus Gewohnheit schon zu Beginn reichlich tat, sah sie mich entsetzt an. »Iatz hosch sie vrsolzn!«, »Jetzt hast du sie versalzen«, sagte sie mit strengem Blick. Ich war mir eigentlich sicher, dass dies bei einer so großen Menge nicht möglich sein konnte, aber die Zweifel der Lehrerin brachten auch Zweifel im Schüler hervor. Sogleich nahm sie einen Löffel in die Hand und probierte besorgt die Suppe. Zum Glück atmete sie auf: »Na, hosch sie nit«, »Nein, hast du sie nicht«, und mir fiel tatsächlich ein Stein vom Herzen, denn wenn es mir gelungen wäre, ihre Suppe zu versalzen, dann hätte sie mir »Kuttln gewaschen«. »Die Kuttln waschen« ist nämlich ein Vinschger Sprichwort und bedeutet so viel wie »jemandem eine Standpauke halten«. Das Reinigen der Mägen, die eine teppichähnliche Innenoberfläche vorweisen, ist nämlich äußerst aufwendig und außerdem sehr unangenehm für die Raumluft (was auch das zuvor genannte Sprichwort erklärt). Man muss

die Kutteln wässern und kräftig bürsten. Diesen Arbeitsschritt wiederholt man so oft, bis sie neutral riechen, und erst dann werden sie vorgekocht, wobei das Wasser ebenfalls – mindestens einmal – gewechselt werden muss. Wenn dieser Prozess jedoch richtig gemacht wird, dann hat man aus einem Abfallprodukt eine Delikatesse gezaubert. Mittlerweile kann man die Kutteln perfekt gewaschen und gekocht beim Metzger kaufen, dann entgeht man diesen Mühen.

Eine Köchin, wie sie im Buche stehen sollte

Hanni hatte, gleich wie ich, nie eine »echte« Kochlehre gemacht. »Friahr wor sel it sou wichtig«, »Früher war das nicht so wichtig«, meinte sie. Sie zirkulierte in verschiedenen Küchen und erforschte dort, so viel sie konnte. Die Neugier war ihr wertvollster Begleiter und für die Gesellschaft von damals waren Zeugnisse, Punkte, Hauben und Sterne weniger wichtig als das, was letztendlich auf dem Teller landete. Mittlerweile würde es kein Koch des Landes noch wagen, die Koryphäe Hanni, die immerhin fast 65 Jahre Küchenerfahrung mit sich bringt, zu hinterfragen, schließlich hat sie alle mit ihrer Kochkunst überzeugt.

An ihrer Technik ist mir besonders aufgefallen, dass sie zahlreiche Verarbeitungsschritte, die die meisten Köche der neuen Generation nicht mehr kennen, als essenziellen Teil ihres Kochstils sieht. Das Geheimnis neben den gut gereinigten Mägen ist für sie frisch gemahlenes Mehl. Deshalb hat

sie ihre eigene Kornmühle, mit der sie mit viel Geduld Gerste und Roggen aus den familieneigenen Getreidefeldern mahlt. Dasselbe Prinzip greift bei ihren Schweinen: Sie sind selbst gezüchtet und Hanni macht aus ihnen unglaubliche Kaminwurzen (eine dünne, geräucherte Salami) und fantastischen Speck. Sie kann Dinge, die viele moderne Sterneköche nicht mehr können. Sie macht zwar keine Espumas, Sphären und Essenzen, aber sie weiß, wie man ein Tier füttert, melkt und zerlegt, wie man ein Feld beschafft, sät und erntet. Sie weiß, wie man Herz, Lunge, Leber, Milz, Niere, Hirn, Bries und Kutteln erstklassig zubereitet, und sie hat es geschafft, über die 65 Jahre gewissenhaft und leidenschaftlich zu bleiben.

Und schon wieder waren wir Gast

Doch zurück zu der Suppe. Als die nun fertig zu sein schien und Hanni mir all ihre Geheimnisse verraten hatte (siehe Rezept »Saure Kuttelsuppe«), kam der finale Test. Sie diktierte überwiegend, ich schnitt und rührte eifrig, lief und sprang wie der Blitz, alles, um sie zufriedenzustellen. Ich kam mir vor wie bei einer dieser seltsamen Koch-Reality-Shows mit Gordon Ramsey und Co. Ihr wisst schon, wo die Teilnehmer dann das Gericht den skeptischen Juroren vorsetzen und zum Schluss immer irgendwie weinen müssen, egal ob vor Freude oder vor Enttäuschung. Ich bezweifle, dass ich den Tränen so schnell nahe kommen würde, aber ich wollte, dass es Hanni schmeckt, von ganzem Herzen wollte ich das (apropos Herz, in ihrer Originalversion der »Sauren« kommt

auch ein fein geschnittenes Rinderherz hinein). Hanni probierte, sah mich prüfend an und nickte. Das war das Maximum, was ich verlangen durfte, und ich hatte es zum Glück geschafft, meine Ehre zu verteidigen.

»Und iatz trink mr a Glasl«, »Und jetzt trinken wir ein Gläschen«, meinte Hanni nun selbst etwas erleichtert. Wir setzten uns ins gemütliche Wirtshaus und begannen zu reden und zu trinken, tauschten uns heiter und gesellig über Gott und die Welt aus. Da dauerte es, wie bis dato bei jedem Nana-Besuch, den wir gemacht haben, nicht länger als fünf Minuten und es wurde eine Marende, wenn man so will, die Südtiroler Version von Tapas, aufgetischt. Hanni brachte mir von ihren selbst gemachten Kaminwurzen und ihrem gekochten Speck, den sie nur für sehr besondere Ereignisse aus dem Keller holt. »Schneid auf!«, forderte sie mich heraus, denn immerhin zählte ja noch die Regel des heiligen Gallus, etwas zur Zubereitung beizutragen. Es schmeckte absolut köstlich und genauso amüsierten wir uns auch. So kam also wie so oft am Ende die Marende und sie brachte uns wie in vielen anderen Fällen zusammen. Hanni erzählte von früher, von ihren Kindern und Enkeln, von einem erfüllten Leben, das sie und ihr Mann als Wirte führen durften. Sie hatte die DNA, auf die es in diesem Metier am meisten ankommt. Sie hatte Willen, Durchhaltevermögen und vor allem Herz. Sie wollte Leute um sich haben und ihnen das schönste Stück vom Speck geben, während sie für sich selbst gerne kürzertrat oder absichtlich weniger schöne Teile verzehrte. Das ist soziales Denken und Eitelkeit zugleich, in Kombination für mich eine Tugend der wahren Wirte und Wirtinnen. Danke, liebe Hanni, für dein Vorbild von Gastlichkeit.

Hannis »Saure« – Saure Kuttelsuppe

Traditionell wird diese Suppe zu den Vinschger Jahrmärkten im Herbst, wie z. B. dem Sealamorkt in Glurns oder dem Gollimorkt in Mals, zubereitet. Hanni ist dabei der absolute Profi und die Leute bestellen die Suppe bei ihr in rauen Mengen. Ihr Geheimnis ist ihr hausgemahlenes Roggenmehl, eine absolute Geschmacksbombe!

40 MINUTEN

FÜR 4 PERSONEN

50 g Vollkorn-Roggenmehl (idealerweise frisch gemahlen)
50 g Gerstenmehl (idealerweise frisch gemahlen)
60 g Butter
2 Schalotten, fein gehackt
2 EL eingelegte Kapern, fein gehackt
2 Essiggurken, fein gehackt
2 Knoblauchzehen, fein gehackt
120 ml Weißwein
1,5 l Wasser oder Brühe
Salz
frisch gemahlener Pfeffer
4 Lorbeerblätter
300 g Kutteln (Rindervormägen), gereinigt und gekocht
2 EL Rotweinessig

ZUBEREITUNG

Röstet die beiden Mehle unter ständigem Rühren bei mittlerer Temperatur an, bis sie sich dunkelbraun färben und aromatisch riechen. Das ist die sogenannte Einbrenne, welche die Basis für die meisten Arme-Leute-Suppen im Vinschgau bildet. Gebt nun die Butter, die Schalotten, die Kapern, die Essiggurken und den Knoblauch dazu und kocht alles 2 weitere Minuten. Löscht dann mit dem Weißwein ab und lasst ihn einkochen, bis der Alkohol verdunstet ist.

Fügt nun unter ständigem Rühren das Wasser oder die Brühe hinzu und würzt kräftig mit Salz, Pfeffer und Lorbeer. Schneidet die Kutteln in 5 mm dicke Streifen. Bringt die Suppe zum Kochen und gebt die Kutteln dazu. Lasst das Ganze nun leicht köcheln und rührt gelegentlich um, damit nichts am Topfboden anbrennt. Nach 30 Minuten sollten die Kuttelstreifen weich sein und die Suppe eine cremige Konsistenz vorweisen.

Schmeckt ein letztes Mal mit Courage ab und gebt den Essig dazu. Et voilà, Hannis Original ist fertig!

Tipp

Meine unorthodoxe Version: Ich bin anschließend noch so frech und gebe ein paar gekochte Kastanien, einige Frühlingszwiebeln und etwas Joghurt auf meine Kuttelsuppe. Dadurch wird sie etwas frischer und farbenfroher. Das ist aber natürlich mein persönlicher Geschmack. Hannis Suppe bleibt die Legende.

Brennsuppe mit Ei

Die Suppe auf Basis einer Einbrenne gab es bei meinen Großeltern mindestens vier- bis fünfmal die Woche. Sie war ein typischer Hungerstiller und wurde meist mit einem geschlagenen Ei und Brotwürfeln verfeinert. Man könnte meinen, man hätte sich irgendwann mal daran abgegessen, aber mir schmeckt sie immer, vor allem, wenn ich das geschlagene Ei mit einem pochierten austauschen darf.

15 MINUTEN

FÜR 4 PERSONEN

Für die Suppe
50 g Roggenmehl (idealerweise frisch gemahlen)
50 g Gerstenmehl (idealerweise frisch gemahlen)
50 g kalte Butter
50 ml Rotwein
1,5 l Wasser oder Brühe
Salz
frisch gemahlener Pfeffer
1 Lorbeerblatt

Für das Topping
1 EL Essig
4 sehr frische Eier
4 EL Schwarzbrotwürfel (auch gerne ein paar Tage alt)
1 Thymianzweig
1 EL Butter

ZUBEREITUNG

Das Prinzip ist eigentlich dasselbe wie bei der Kuttelsuppe (siehe Seite 144). Röstet für die Suppe die beiden Mehle unter ständigem Rühren bei mittlerer Temperatur, bis sie sich braun färben und aromatisch riechen. Gebt sogleich die Butter dazu und löscht mit dem Rotwein ab.

Fügt nun unter ständigem Rühren das Wasser oder die Brühe hinzu. Würzt kräftig mit Salz, Pfeffer und Lorbeer. Lasst alles 10 Minuten leicht köcheln.

Bringt in der Zwischenzeit für das Topping in einem geräumigen Topf genügend Wasser für das Pochieren der Eier zum Kochen. Fügt den Essig hinzu – er sorgt dafür, dass die pochierten Eier dann schneller stocken. Erzeugt durch schnelles Umrühren einen Strudel und gebt die aufgeschlagenen Eier nacheinander in die Mitte des Strudels. Das Wasser sollte dabei kurz vor dem Siedepunkt stehen, also nicht kochen, sondern köcheln. Nach 2–3 Minuten sollten die Eier außen gestockt und innen perfekt weich sein.

Röstet das Schwarzbrot mit dem Thymianzweig in der Butter an.

Serviert die Suppe mit den Schwarzbrot-Croûtons, den pochierten Eiern und 1 kräftigen Prise Pfeffer.

Tipp
Ihr könnt für die Einbrenne eigentlich jegliches Mehl verwenden. Weizen, Vollkornweizen, Mais, Reis, Roggen … alles ist möglich!

Helles Kalbsbeuschel

Nicht unbedingt ein typisches Vinschger Gericht, aber Hanni hat mir erzählt, dass sie in ihrer Kuttelsuppe gelegentlich auch gerne ein gewürfeltes Rinderherz mitkocht. Da wir beim Thema Mehlschwitze und Innereien sind, passt das Beuschel, das ich in meiner zweiten Heimat Wien zur Genüge kennenlernen und kochen durfte, bestens dazu.

1 STUNDE

FÜR 4 PERSONEN

Für das Fleisch

600 g Kalbslunge, geputzt, ohne Luft oder Speiseröhre
1 Kalbsherz, pariert
1 Karotte
1 Stange Staudensellerie
½ Zwiebel
50 ml Weißweinessig
1 Lorbeerblatt
1 Rosmarinzweig
1 EL Pfefferkörner
2 EL grobes Salz
4 Gewürznelken

Für die Sauce

50 g Butter
1 Schalotte, fein gehackt
1 EL eingelegte Kapern, fein gehackt
2 Essiggurken, fein gehackt
50 g Weizenmehl
2 EL Gurkenessig
100 ml Weißwein
1 EL Senf
Abrieb und Saft von 1 unbehandelten Zitrone
1 TL getrockneter Majoran
Salz
frisch gemahlener Pfeffer
1 Frühlingszwiebel, in feine Ringe geschnitten

ZUBEREITUNG

Wascht für das Fleisch die Innereien gründlich und stecht mit einem Messer Löcher in die Lunge, sodass der Kochsud später eindringen kann. Halbiert das Herz und befreit es innen und außen von jeglichen Sehnen.

Bringt nun 6 l Wasser zum Kochen und gebt die Innereien, das Suppengemüse, den Essig, den Lorbeer, den Rosmarin, die Pfefferkörner, das Salz und die Nelken dazu. Beschwert die Lunge mit einem Deckel, sodass sie unterhalb der Wasseroberfläche bleibt, und lasst alles 40 Minuten köcheln.
Messt 750 ml vom Kochsud für die Sauce ab. Bringt für die Sauce die Butter in einem mittelgroßen Topf zum Schmelzen. Gebt die Schalotte, die Kapern und die Essiggurken dazu. Rührt das Mehl ein und schwitzt es bei niedriger Temperatur einige Minuten an.

Löscht dann mit dem Essig und dem Wein ab, rührt dabei konstant mit einem Schneebesen um. Gießt anschließend in Etappen mit dem Sud auf und rührt kräftig, sodass keine Klümpchen entstehen.

Schneidet die Lunge und das Herz in mundgerechte Stücke und gebt sie zu der Sauce. Schmeckt mit Senf, Zitronenabrieb und -saft, dem Majoran, Salz und Pfeffer ab. Lasst alles 5 weitere Minuten ziehen.

Serviert das Beuschel mit den Frühlingszwiebelringen – und am besten mit Semmelknödeln.

Lachsforelle en papillote mit Fenchel-Orangen-Salat

Hier ein besonders einfaches Fischgericht, das wir auch in unserem Wirtshaus Steinbock servieren. Die kleinen Säckchen lassen sich sehr gut vorbereiten und halten den Fisch unheimlich saftig, während der Fenchelsalat eine erfrischend einfache Beilage bietet. Zudem ist die Präsentation unheimlich toll. Eine gute Alternative zur Forelle Müllerin und Forelle blau.

15 MINUTEN | GARZEIT IM BACKOFEN: 10 MINUTEN

FÜR 4 PERSONEN

natives Olivenöl
Salz
4 Seeforellenfilets (à 130 g), von Gräten befreit
1 EL rosa Pfeffer
1 unbehandelte Zitrone, in Scheiben geschnitten
2 Fenchelknollen mit Fenchelgrün, abgezupft
1 Orange
4 EL Weißweinessig

Außerdem
Küchengarn oder Fleischerfaden
4 Bögen backpapier

ZUBEREITUNG

Schneidet vier 30 cm lange Bögen Backpapier zurecht und legt sie nebeneinander auf eine Arbeitsfläche. Gebt auf jeden Bogen einen Spritzer Olivenöl und 1 Prise Salz. Legt nun auf jeden Bogen ein Fischfilet. Beträufelt es mit Olivenöl und würzt es mit Salz, dem rosa Pfeffer, je einer Zitronenscheibe und dem Fenchelgrün. Führt die Ecken jedes Backpapierbogens zusammen und bindet das dadurch entstandene Säckchen mit einem Stück Garn oder Faden zu.

Gart den Fisch im auf 180 °C (Ober-/Unterhitze) vorgeheizten Backofen 10 Minuten.

Schält in der Zwischenzeit die Orange mit einem Messer und schneidet die Filets (Fruchtfleischsegmente zwischen der weißen Membran) heraus.

Schneidet die Fenchelknollen in sehr feine Streifen. Presst den Saft der übrig gebliebenen Orangenreste aus. Mariniert den Fenchel mit 4 EL Olivenöl, dem Essig, dem Saft der Zitrusfrüchte und 1 Prise Salz.

Serviert den Fisch direkt im Papier und lasst eure Gäste selber das Säckchen aufschneiden. Reicht den Fenchelsalat zusammen mit den Orangenfilets dazu und staunt über simple Vollkommenheit.

Hirschleber mit Spiegelei

Es ist auch bei uns nicht sehr einfach, zu einer Hirschleber zu gelangen, denn diese Delikatesse behalten die Jäger meistens für sich. Das hat einen guten Grund: Sie ist unheimlich zart und schmackhaft. Falls ihr keine Hirschleber finden könnt, funktioniert dieses einfache Rezept genauso gut mit Kalbs- oder Schweineleber. Es geht lediglich darum, sich nicht davor zu fürchten, eine tolle Leber als bestes Steak der Welt anzupreisen.

15 MINUTEN

FÜR 2 PERSONEN

400 g Leber nach Wahl
2 EL Öl
1 Knoblauchzehe, mit Schale zerdrückt
1 Rosmarinzweig
2 EL Butter
Salz
frisch gemahlener Pfeffer
2 Bio-Eier

Tipp
Ihr könnt die Leber übrigens auch von eurem Metzger des Vertrauens parieren lassen. Geht auf jeden Fall sicher, dass eure Leber »gestempelt« und somit vom Tierarzt kontrolliert wurde. Dann kann eigentlich nichts mehr schiefgehen.

ZUBEREITUNG

Pariert die Leber, indem ihr die äußere Membran mit den Fingern abzieht. Das ist relativ einfach und ihr könnt auch ein Küchentuch zu Hilfe nehmen, damit ihr nicht abrutscht. Schneidet die Leber in 2 cm dicke Steaks und schneidet alles, was ihr an weißen Sehnen finden könnt, heraus (bei einem sehr gesunden Tier kann es auch sein, dass es gar keine Zysten gibt).

Erhitzt das Öl in einer schweren Brat- oder Steakpfanne, bis es raucht. Gebt die Lebersteaks hinein. Bratet sie von beiden Seiten jeweils 1 Minute scharf an und fügt den Knoblauch samt Schale und den Rosmarinzweig hinzu. Gebt sogleich 1 EL Butter dazu und lasst sie schaumig werden. Nehmt einen Löffel und begießt die Lebersteaks mit der Butter und den damit vermischten Fleischsäften und Aromen (Arrosieren). Sobald die Leber zu »schwitzen« beginnt, also klarer Fleischsaft auf der Oberfläche austritt, ist sie medium. Das dauert insgesamt etwa 4 Minuten.

Nehmt die Steaks auf einen Teller und übergießt sie mit den Pfannensäften. Würzt erst jetzt mit Salz und Pfeffer. Lasst das Steak 2 Minuten ruhen, damit sich die Säfte gut verteilen können.

Stellt dieselbe Pfanne, in der ihr zuvor die Leber gebraten habt, auf den Herd und bratet bei niedriger Temperatur darin zwei Spiegeleier. Fügt die restliche Butter hinzu und arrosiert das Eigelb damit.

Serviert die Steaks in portugiesischer Manier mit dem Spiegelei darauf. Einfach ein Knaller.

Hirten-Maccheroni

Ein Südtiroler Hüttenklassiker, der es ebenfalls auf die Karte in unserem Wirtshaus Steinbock geschafft hat. Es ist im Prinzip eine Pasta mit Bologneser Ragout, zu dem Pilze, Speck, Erbsen und etwas Sahne hinzugefügt werden. Natürlich bleibt Spielraum für andere Zutaten, der Hirte durfte immerhin auch nicht wählerisch sein, wenn er den Sommer in den Bergen verbrachte und nur das verwenden konnte, was ihm da zur Verfügung stand.

45 MINUTEN

FÜR 5 PERSONEN

Olivenöl zum Anbraten
500 g gemischtes Hackfleisch
50 g Bauchspeck
1 Karotte
1 Stange Staudensellerie
1 Zwiebel, gehackt
1 Knoblauchzehe, fein gehackt
Salz
frisch gemahlener Pfeffer
125 ml Rotwein
1 kleines Bund Rosmarin
100 g frische Champignons, in Scheiben geschnitten
50 g frische Erbsenkerne
1 Prise getrockneter Peperoncino
500 ml pürierte Dosentomaten
500 g kurze Pasta (z. B. Maccheroni, Pipe, Penne)
100 g Sahne
2 EL Butter
5 EL geriebener Parmesan

ZUBEREITUNG

Gebt etwas Olivenöl in eine Schwenkpfanne und bratet darin das Hackfleisch scharf an. Es sollte dabei richtige Röstaromen erhalten und einen Bratensatz in der Pfanne hinterlassen.

Schneidet den Speck in dünne Streifen sowie die Karotte und den Sellerie in feine Würfel. Gebt die Speckstreifen und den Soffritto, also Zwiebel, Karotte, Sellerie und Knoblauch, zum Hack. Würzt mit Salz und Pfeffer. Sobald die gesamte Flüssigkeit in der Pfanne verdampft ist, löscht ihr mit dem Rotwein ab und löst mit einem Kochlöffel den Bratensatz (der ist Geschmack pur) vom Pfannenboden. Lasst den Wein 1 Minute einkochen.

Fügt danach die Rosmarinzweige, die Pilze, die Erbsen und Peperoncino dazu. Gießt mit den Dosentomaten auf, salzt erneut und rührt alles gut um. Lasst das Ragout halb zugedeckt mindestens 30 Minuten köcheln.
Bringt in der Zwischenzeit reichlich gesalzenes Wasser zum Kochen und gart die Pasta darin nach Packungsanleitung al dente. Gebt 5 Minuten vor Ende der Garzeit die Sahne zum Ragout und nehmt die Rosmarinzweige heraus.

Gebt die Pasta mit etwas Kochwasser direkt in die Sugo-Pfanne und schwenkt sie darin. Gebt die Butter und den Parmesan dazu. Schwenkt und vermischt alles so lange, bis die Pasta »schmatzt«: Das bedeutet, dass sie sich vollkommen mit der Sauce verbunden hat.

Stellt die Pfanne in die Mitte des Esstischs und ihr werdet sehen: Nichts wird übrig gelassen!

Eine Art Bauerngröstl

Dieses typische Sonntagsgericht kennt im Prinzip nur eine Regel: Relativ wenig Fleisch wird mit relativ vielen Erdäpfeln vermischt. Welches Fleisch benutzt wird, war ursprünglich eigentlich egal, außer es handelte sich um Kalbfleisch, dann nannte man das Ganze vornehm Herrengröstl. Eine tolle Speise, die aufzeigt, wie früher Fleisch konsumiert wurde.

15 MINUTEN

FÜR 4 PERSONEN

4 Kartoffeln
Samenöl
Salz
frisch gemahlener Pfeffer
2 Sirloin-Steaks vom Rind (à 150 g)
2 EL Butter
1 Zwiebel, in dünne Scheiben geschnitten
50 ml Weißwein
4 Lorbeerblätter

ZUBEREITUNG

Wichtig ist, dass ihr für dieses Gericht gut vorbereitet seid und alle Zutaten geschnitten bereitliegen, denn hier muss es schnell gehen.

Kocht die Kartoffeln gar, pellt sie und schneidet sie in Scheiben.

Erhitzt etwas Öl in einer Pfanne, bis es zu rauchen beginnt. Salzt und pfeffert die Steaks und bratet sie im Öl von beiden Seiten jeweils 2 Minuten scharf an. Nehmt sie anschließend heraus und stellt sie zum Ruhen beiseite.

Gebt nun die Butter, die Zwiebel und die Kartoffelscheiben in die Pfanne und bratet alles knusprig. Löscht mit dem Wein ab und würzt mit Salz, Pfeffer und Lorbeer. Lasst den Wein 1 Minute einreduzieren und löst dabei mit einem Kochlöffel den Bratensatz am Pfannenboden.

Schneidet die Steaks in dünne Scheiben und gebt sie zum Gemüse erneut in die Pfanne. Schwenkt alles gut durch und serviert euren blitzschnellen »Tiroler Wok«.

Tipp

Wie bereits erwähnt, könnt ihr für dieses Gericht jegliches Fleisch verwenden, auch gekochtes oder geschmortes vom Vortag. Schweinefleisch, Lamm, Huhn, hier sind die Spielregeln ebenso sehr variabel, man braucht nur etwas Fantasie.

Cordon bleu

Das Leibgericht meiner Großmutter Monika und ein absolutes Muss in jedem guten Wirtshaus, wie auch in jenem von Hanni. Ich esse es gerne mit Kalbfleisch, aber natürlich funktioniert auch Schwein oder Huhn hervorragend. Wichtig ist, dass man gewissenhaft paniert, denn sonst landet der Käse in der Pfanne und das Schnitzel bleibt »leer«, also ohne Käse.

35 MINUTEN

FÜR 4 PERSONEN

4 große, sehr dünn geklopfte Kalbsschnitzel
Salz
frisch gemahlener Pfeffer
4 Scheiben Schinken
100 g schmelzfähiger Käse, in Scheiben geschnitten
1 Ei
2 EL Milch
3 EL Mehl Type 00
200 g Paniermehl
200 g Butterschmalz oder Frittieröl

ZUBEREITUNG

Breitet die dünnen Schnitzel nebeneinander aus und würzt sie von beiden Seiten mit Salz und Pfeffer.

Gebt auf eine Hälfte jedes Schnitzels zuerst je eine Scheibe Schinken und anschließend den Käse; geht dabei sicher, dass ihr 2 cm am Schnitzelrand frei lasst, sonst könnt ihr euer Cordon bleu nämlich nicht mehr richtig schließen. Klappt nun die nicht belegte Schnitzelseite über die Füllung und drückt das Fleisch an den Enden gut zusammen. Idealerweise sollte es keine offenen Stellen in eurer Fleischtasche geben.

Verquirlt das Ei mit der Milch und salzt es. Bereitet Mehl, Eimischung und Brösel jeweils einzeln in großen Gefäßen vor. Paniert die Schnitzel als Erstes gründlich im Mehl, dann im Ei und zuletzt im Paniermehl. Seid dabei sehr gewissenhaft. Falls es noch leere Stellen ohne Panade geben sollte, so paniert das Schnitzel einfach ein zweites Mal.

Erhitzt das Butterschmalz oder Öl in einer großen Pfanne auf 180 °C und backt darin das Cordon bleu von beiden Seiten goldbraun. Wichtig ist, dass ihr genug Schmalz oder Öl verwendet: Das Schnitzel muss schwimmen, nur so könnt ihr die Pfanne schwenken, um eine fluffige Panade zu erzeugen. Seid dabei jedoch sehr vorsichtig.

Lasst die fertigen Schnitzel anschließend auf etwas Küchenpapier abtropfen. Salzt sie erneut leicht. Serviert sie sofort – am besten mit Erdäpfelsalat (siehe Rezept »Gepökelte Kalbszunge mit Erdäpfelsalat und Kren« Seite 184) und guten (also am besten selbst eingemachten) Preiselbeeren (siehe Seite 40).

Schöpsernes mit orientalischem Touch

Das Schöpserne ist ein sehr herzhafter Eintopf, der sowohl mit Lamm-, Ziegen- als auch Hammelfleisch zubereitet werden kann. Die Marillen oder Aprikosen, die es bei uns zur Genüge gibt, sind dazu ein Geheimtipp von mir, den ich mir aus ähnlichen Tajine-Rezepten Nordafrikas abgeschaut habe. Die Frucht bringt Süße, Säure und vor allem Spannung mit. Traditionell wurde jedes beliebige Teil des Tiers herangezogen, um ein Festtagsessen für die Familie zu zaubern. Ich empfehle für den Braten die Keule oder die Schulter, weil sie sich besser zum Schmoren eignen und nicht so viel Aufmerksamkeit brauchen wie beispielsweise ein Karree. Das Gericht macht richtig Spaß und kann gut im Voraus zubereitet werden. Somit habt ihr, während das Lamm langsam im Ofen dahinschmort und seinen Duft verbreitet, Zeit für Freunde und Familie, denen ihr dann lächelnd und leichtfüßig eine bombastische Kasserolle voller Geschmack vorsetzen könnt.

30 MINUTEN | GARZEIT IM BACKOFEN: 3 STUNDEN

FÜR 6 PERSONEN

6 mittelgroße Kartoffeln
4 Karotten
1 Stange Sellerie
50 g Butter
4 Zwiebeln, in ca. 5 cm große Würfel geschnitten
6 Knoblauchzehen, abgezogen
100 g getrocknete Aprikosen
2 EL Tomatenkonzentrat
Salz
1 Lammschulter oder -keule mit Knochen (à ca. 2 kg)
frisch gemahlener Pfeffer
1 kleines Bund Thymian
2 Lorbeerblätter
400 ml Rotwein

ZUBEREITUNG

Schneidet die Kartoffeln in etwa 5 cm große Würfel. Zerkleinert die Karotten und den Sellerie in ähnlich große Stücke. Das Gemüse erzeugt nicht nur eine tolle Sauce, sondern dient zudem als Beilage zum Lamm und muss deshalb eine ähnliche Garzeit haben.

Fettet einen Schmortopf oder eine andere ofenfeste Form mit der Butter ein. Gebt das vorbereitete Gemüse mit den Zwiebeln, Knoblauchzehen und getrockneten Aprikosen hinein. Fügt das Tomatenkonzentrat und 1 Prise Salz hinzu. Vermischt alles gut mit den Händen.

Würzt das Lammfleisch samt Knochen großzügig mit Salz und Pfeffer. Legt es zusammen mit den Kräutern auf das Gemüsebett. Gießt den Rotwein in die Form und fügt so viel Wasser hinzu, dass das Fleisch bis zur Hälfte in der Flüssigkeit schwimmt.

Bedeckt nun das Ganze komplett mit einem Deckel oder einer doppelten Schicht Alufolie und gart es im Backofen bei 165 °C (Ober-/Unterhitze) etwa 3 Stunden (oder bis das Fleisch sich leicht vom Knochen lösen lässt) und verschwendet keinen Gedanken mehr daran.

Zum Servieren stellt ihr die Kasserolle anschließend am besten in die Mitte des Esstischs, damit sich jeder selbst bedienen kann. Dazu ein Gläschen Wein reichen und das Festmahl ist vollkommen.

Apfel-Kaiserschmarren

Ein Klassiker, der ebenfalls mehr oder weniger im gesamten Alpenraum gekocht und gegessen wird. Mir schmecken Variationen mit Obst sehr gut, z. B. mit Marillen, Birnen oder wie hier mit Äpfeln. Ein wichtiges Detail: Wir heben das Eiweiß nicht unter, das zeichnet den Tiroler Kaiserschmarren aus. Er ist dann womöglich etwas weniger fluffig, aber dafür sehr saftig.

⌛ 30 MINUTEN

FÜR 4 PERSONEN

100 ml Milch
50 g Sahne
20 ml Rum
Mark von ½ Vanilleschote
150 g Weizenmehl
30 g Zucker
Salz
6 Eier
1 Apfel
2 EL Butterschmalz oder etwas Öl zum Ausbacken
4 EL Rosinen, in Rum eingelegt
1 EL Butter
1 EL Puderzucker plus etwas mehr zum Servieren

ZUBEREITUNG

Vermischt die Milch, die Sahne, den Rum, die Vanille, das Mehl, den Zucker und 1 kräftige Prise Salz miteinander, sodass ein homogener Teig entsteht. Gebt nun ein Ei nach dem anderen hinzu und rührt den Teig nicht mehr zu stark: Das Ei sollte noch etwas Struktur beibehalten, nur so wird der Schmarren auch luftig.

Schält den Apfel und schneidet ihn in Würfel. Erhitzt Butterschmalz oder Öl in einer antihaftbeschichteten Pfanne (oder einer gusseisernen Schmarrenpfanne) stark und gebt den Schmarrenteig dazu. Kontrolliert die Temperatur und verteilt die Apfelstücke und die Rosinen auf der Teigoberfläche. Backt den Schmarren wenige Minuten aus und dreht ihn dann vorsichtig mit zwei Spachteln um. Backt ihn bei mittlerer Temperatur 1 weitere Minute aus. Zerzupft ihn anschließend mit zwei Gabeln in mundgerechte Stücke.

Gebt nun die Butter und den Puderzucker darüber und schwenkt den Schmarren durch, bis der Zucker leicht karamellisiert.

Serviert diesen Hüttenklassiker mit etwas Puderzucker und guten (also am besten selbst eingemachten) Preiselbeeren (siehe Seite 40).

Bratäpfel mit weißer Schokolade

Ein duftendes Gericht für trübe Herbst- und Winterabende. Perfekt eignen sich dafür reine Kochäpfel wie Kanater (Kanadarenette) oder leicht säuerliche Sorten wie Gala und Granny Smith. Wieder mal ein perfektes Beispiel dafür, wie einfach kulinarisches Glück manchmal sein kann.

10 MINUTEN, GARZEIT IM BACKOFEN: 40 MINUTEN

FÜR 4 ÄPFEL

4 feste, säuerliche Äpfel
Saft und Abrieb von 1 unbehandelten Zitrone
50 g weiße Schokolade
2 EL weiche Butter
1 EL Rum
2 EL gehackte Nusskerne (z. B. Walnuss, Haselnuss)
1 EL Zucker
2 TL Zimtpulver

ZUBEREITUNG

Wascht die Äpfel gründlich und entfernt mit einem Ausstecher das komplette Kerngehäuse. Seid dabei großzügig, damit später genug von der Füllung Platz findet. Beträufelt den dadurch entstandenen Tunnel mit dem Zitronensaft. Gebt die Äpfel in eine mit Backpapier beschichtete feuerfeste Form.

Zerhackt die Schokolade in kleine Splitter. Vermischt sie in einer Schüssel mit der Butter, dem Rum, dem Zitronenabrieb, den Nüssen, dem Zucker und dem Zimt.

Füllt die Äpfel großzügig mit der Schokomasse. Deckt alles mit einem Deckel oder mit Alufolie zu. Gart die Äpfel im Backofen bei 170 °C (Ober-/Unterhitze) 40 Minuten.

Serviert die Bratäpfel noch warm – am besten mit einer Kugel Eis.

Oma Ella

Kastelbell – Untervinschgau

Das immaterielle Erbe

Nicht alle Großmütter, nach deren Essen wir uns sehnen, sind noch unter uns. So wie Maria Lusser aus Villgraten ist auch Udos Mutter, von ihren Enkeln liebevoll Oma Ella genannt, leider bereits von uns gegangen. Wir haben sie trotzdem in unser Buch aufgenommen, weil die physische Präsenz nicht immer ausschlaggebend ist. Es geht hierbei nämlich auch um Erinnerungen und um das immaterielle Erbe. Letzteres ist wiederum ein Begriff aus der Geschichtswissenschaft. Das immaterielle Erbe bezeichnet im Prinzip von Generation zu Generation vererbte, nicht physische Güter. So ein Gut kann oft eine soziale Stellung in der Gesellschaft sein: z. B. der Sohn des Bürgermeisters, der aufgrund seiner Herkunft andere Konditionen am Gemeindeamt erfährt als die anderen Bürger der Stadt. So ein immaterielles Erbe kann außerdem ein Brauch oder ein Tanz sein. Es kann aber genauso gut eine Idee oder eine Philosophie sein, und Oma Ella war reich an Ideen und Philosophien, was Anbau und Küche betraf.

Ihr natürliches Habitat war nämlich der hauseigene Garten in Kastelbell im Vinschgau, den sie zusammen mit ihrem Mann Wolfi bis ins hohe Alter (95 Jahre!!!) hegte und pflegte. Mit Beginn der Gartensaison suchte man sie untertags vergebens in ihrem Haus, denn sie verbrachte quasi jede freie Gut-Wetter-Stunde im wenige Gehminuten entfernten Garten. Jener war groß und schön gelegen. Eine Quelle der Inspiration und ein Jungbrunnen zugleich. Was den Gartenanbau betrifft, so folgte Ellas Philosophie zwei klaren Regeln:

Erstens: Genauigkeit und Fleiß zahlen sich aus, denn nur so kann man trotz der häufig sehr unberechenbaren Jahreszeiten des Vinschgaus effizient anbauen. Dies begann beispielsweise schon bei der Wahl der Samen und Setzlinge. Udo und seine Frau Karin mussten Ella oft durch das ganze Tal fahren, um die passende Gärtnerei mit den passenden Pflänzchen für Ella zu finden. Sie wusste, was sie wollte, und sie wich niemals von ihren Vorstellungen ab. Kam es dann zur Gartenarbeit selbst, so diktierte und kontrollierte sie, wo sie konnte. Das Gärtnern lag ihr im Blut und sie wusste scheinbar immer ohne besondere Hilfsmittel, was ihre geliebten Pflanzen zu brauchen schienen.

Das war der ernste Teil ihrer Philosophie. Diesen kombinierte sie jedoch mit einer gewissen Spontanität, welche hauptsächlich daher rührte, dass sie den Pflanzen ebenfalls Entscheidungsgewalt zusprach. Deshalb ließ sie beim Unkrautjäten alles stehen und wachsen, was einen Nutzen hatte. Ihr Credo lautete: Was ohne Fremdeinwirkung wächst und nicht schadet, hat seine Daseins-

berechtigung und gedeiht besser als vom Menschen gepflanzt.

Durch diese beiden Ansichten entstand ein kontrolliertes Chaos, ein paradiesischer und fruchtbarer Garten voller Zauber und Leben. Er wirkte fast wie Tolkiens Auenland, mit Bohnenranken und leuchtend orangen Kapuzinerkresseblüten, zugewachsenen Ecken sowie geordneten Beeten, romantischen Sitzgelegenheiten und idyllischem Vogelgesang. Alles gedieh prächtig: saftige Salate und aromatische Kräuter, schmackhaftes Gemüse, reich tragende Obstbäume und schelmisch hervorragende Spargelspitzen. Dazu kamen noch so manche Tiere: Ella hatte Legehennen, Fasane und Rebhühner im Garten. Udo erzählte, wie sie ihm zu so manchem Festtag ein prächtigstes Backhendl zauberte. Auch für sie zählte die Regel des Gallus, nämlich etwas zur Zubereitung beizutragen, und der Junge musste im Gegenzug das Huhn selber schlachten und rupfen. Der damals kleine Udo lernte dadurch nicht nur, wo das Essen herkommt, sondern er lernte es vor allem zu respektieren, ein Schluss, der uns in den modernen Supermärkten und Discountern leider nicht mehr angetragen wird. Denn bereits gebrauchsfertig verarbeitet und verpackt ist das Tier nur mehr eine entfernte Assoziation statt ein ehrwürdiger Protagonist. Nicht bei Oma Ella: Ihre Lebensschule war – so wie das gewissenhafte Gärtnern – ein immaterielles Erbe, das ihre Kinder, Enkelkinder und Urenkel übernahmen.

Die Schatzsuche

Doch es galt für sie nicht nur, einen schönen und ertragreichen Garten zu haben. Sie musste die

Ernte auch irgendwie verwerten, und dazu gehörte sehr viel Know-how. Jenes hatte sie sich in schwierigeren Zeiten angeeignet, denn sie kannte ebenso die Jahre, in denen der Garten die Hauptернährungsquelle der Familie darstellen musste. Dabei ging es in erster Linie darum, die langen und harten Winter zu überbrücken. In einer Zeit, in der noch kein Lebensmittelgeschäft mit riesigen Glasfassaden und Produkten aus aller Welt an jeder Ecke stand, musste man einlegen, trocknen, einmachen und fermentieren. Der Trend von heute war die Überlebenstechnik von damals und der Keller, die »Selch« und die Vorratskammer, waren stets prall gefüllt, um die Ernährung der Familie keinem Risiko auszusetzen. Auch hier Ellas Credo: Nichts durfte weggeworfen werden und jedes essbare Kraut war willkommen.

Ella hatte den Verwerter-Instinkt und so war ihre Küche dementsprechend kreativ. Sie dörrte Obst und trocknete Pilze, indem sie für deren Ablage riesige Leintücher im ganzen Haus verteilte und dieses somit zu einem überdimensionalen Dörrapparat umfunktionierte. Sie kochte Marmeladen jeglicher Art ein und erstellte sogar ihre eigenen Pharmazeutika wie Arnikaschnaps für Glieder-

schmerzen oder ihren Fichtenhonig, der bei hartnäckigen Erkältungen zu Hilfe kam. Sämtliches Fleisch der eigenen Aufzucht oder der Jagd wurde mit geheimen Gewürzmischungen und unter Einhaltung genauster Räucherabfolgen haltbar und zugleich köstlich gemacht. Ella schien tatsächlich für jeden Überfluss eine Lösung parat zu haben. Heute würde man sie wahrscheinlich als »Nachhaltigkeitsgenie« bezeichnen. Vielleicht waren ihr auch gerade deshalb alle gekauften Lebensmittel so suspekt, denn für sie war bei jedem Produkt ein Teil von ihr und ihrer Arbeit enthalten.

Während es in ihrer Kindheit und den frühen Jahren als Mutter vor allem ums blanke Überleben ging, hatte sie im hohen Alter die meiste

Freude daran, ihre eigenen Lebensmittel herzustellen, um sie sogleich zu verschenken. Wenn sie im Herbst in der milden Sonne saß, dann blieb sie nicht still sitzen, nein, sie öffnete Walnüsse mit einem Stein, Stück für Stück, Kilogramm für Kilogramm. Die verteilte sie dann an Passanten und am allerliebsten an ihre Enkel- und Urenkelkinder. Gerade deshalb widmete sie auch zunehmend einen großen Teil ihres Gartens dem Naschobst wie Beeren und kleinen Früchten. Genüsslich spazierte sie mit dem Nachwuchs durch ihr mystisches Gartenreich, um Erdbeeren oder Himbeeren wie kleine Schätze zwischen den Blättern zu entdecken. Das machte ihr große Freude und kompensierte alle Mühen, die das Alter halt so mit sich brachte.

Ellas Gruß

Nun war ihr einziger Sohn Udo die meiste Zeit seines Lebens auf Reisen. Er erkundete quasi jede Ecke des Planeten und war dabei auch Gefahren ausgesetzt. Udo war nämlich hauptsächlich als Naturfotograf tätig und hatte so manches Naturspektakel samt dessen Bedrohlichkeit aus unmittelbarer Nähe fotografiert. Ella war deshalb immer besonders froh und stolz, wenn ihr Sohn wieder heil nach Kastelbell heimgekehrt war. Wenn sie von seiner Ankunft wusste, so wartete sie bis in die späte Nacht auf ihn. Und selbst wenn er erst in den frühen Morgenstunden ankam, schlich Ella stets aus ihrem Bett, um ihrem Sohn einen Begrüßungskuss zu geben und im Schlafrock eine herzerwärmende Suppe mit Speckknödeln vorzusetzen. Natürlich gab es anschließend noch eine zweite Runde Knödel mit

dem frischen Salat aus dem Garten (wir nennen diese Abfolge liebevoll »Knödel zu Wasser und zu Land«). Dies war ihr Liebesbeweis, wenn man so will, eine Umarmung im Teller. Und diese Umarmung »lebt weiter«, denn jedes Mal, wenn Udo eine köstliche, wärmende Knödelsuppe vor sich stehen hat, muss er an seine Mutter denken. Das ist Essen, das so schmeckt wie kein anderes, das ist Essen, das »hoamelet«.

Wir hatten zu Beginn dieses Buches lange darüber philosophiert, was dieses vertraute Gefühl des »Hoamelens« eigentlich ausmacht. Ich bin der Meinung, dass es im Endeffekt eigentlich fast immer von Menschen ausgeht, die wir lieben. Orte, Klänge, Gerüche und Geschmäcker, die wir mit jenen Menschen verbinden, bringen sie uns wieder näher. Auch wenn der Körper nicht mehr da ist, erinnert uns sein immaterielles Erbe, das

Essen, das man gemeinsam teilen durfte, und seine Düfte und Geschmäcker, an ihn. Wir schaffen Nähe, wir schaffen eine heile Welt. Vielleicht ist dann doch so mancher Abschied nicht absolut und final, denn solange wir erinnern, schaffen wir Präsenz und Kontinuität. »Hoamelen« ist also die Wurzel, die Verbindung zur Vergangenheit, zu unserer Identität und zu all dem, was uns die liebende Sicherheit verspricht. Eine Knödelsuppe halt.

Sommerlicher Gemüsestrudel

Ella war die Königin des Gartens und dieses Rezept war einfach perfekt, wenn sie die Ernte daraus in ihrer vollsten Diversität verwerten wollte. Zudem veränderte sich das Rezept immer je nach Jahreszeit und wurde dadurch nie langweilig. Ihr könnt auch ohne Bedenken die Abkürzung nehmen und einen Blätterteig aus dem Kühlregal verwenden: Auf diese Weise hat man mehr Zeit für gute Gespräche, so wie sie Ella gerne führte.

15 MINUTEN | BACKZEIT: 30 MINUTEN

FÜR 1 STRUDEL (4 PERSONEN)

2 Karotten
1 Stange Lauch
1 rote Paprikaschote
1 gelbe Paprikaschote
1 Zucchini
1 Aubergine
natives Olivenöl zum Braten und Salatanmachen
Salz
frisch gemahlener Pfeffer
150 g schmelzfähiger Käse
1 Bund Basilikum, in Streifen geschnitten plus einige Blätter mehr zum Salatanmachen
1 Rolle Strudel-/Blätterteig (aus dem Kühlregal)
1 Ei
10 Cocktailtomaten
4 EL geriebener Parmesan

ZUBEREITUNG

Schneidet das Gemüse (außer die Tomaten) in mundgerechte und etwa gleich große Stücke, sodass die Garzeiten dann ähnlich sind. Nun müssen wir dafür sorgen, dass wir etwas Flüssigkeit aus dem Gemüse auskochen, ansonsten wird unser Strudelteig später lediglich wässrig und nie ganz durchgebacken: Erhitzt etwas Öl in einer großen Schwenkpfanne und beginnt damit, das »harte Gemüse« bei hoher Temperatur zu braten. Startet also mit den Karotten und dem Lauch, gebt nach 1 Minute die beiden Paprika dazu und nach 1 weiteren Minute die Zucchini und die Aubergine. Schwenkt alles durch. Würzt couragiert mit Salz und Pfeffer. Sobald die gesamte Flüssigkeit in der Pfanne verdunstet ist (etwa 5 weitere Minuten), gebt ihr das Gemüse in ein Nudelsieb über eurem Waschbecken und lasst es in Ruhe abtropfen und abkühlen. Idealerweise lasst ihr es anschließend noch 1 Stunde im Kühlschrank absolut abkühlen.

Schneidet in der Zwischenzeit den Käse in Würfel. Gebt sie und das Basilikum zu dem Gemüse und vermischt alles gründlich.

Rollt den Teig aus. Verteilt die Füllung in der Mitte und lasst dabei an allen Seiten genug Abstand, sodass man den Strudel anständig falten kann. Verquirlt das Ei und bepinselt die Ränder damit. Klappt alle Seitenränder nach innen, sodass sie sich wie bei einem Briefumschlag überlappen. Bestreicht auch die Oberseite des Strudels mit dem Ei. Salzt ihn leicht und stecht mit einem kleinen Messer einige Löcher in den Teig: Dadurch kann danach der überschüssige Dampf des garenden Gemüses austreten. Backt den Strudel im auf 165 °C Umluft vorgeheizten Backofen 30 Minuten.

Viertelt in der Zwischenzeit die Cocktailtomaten. Macht sie mit Olivenöl, Salz und Basilikum an. Serviert den Strudel mit dem frischen Tomatensalat und dem Parmesan.

Tipp

Ihr könnt dieses solide Rezept nach Belieben auch gerne etwas aufpeppen und Gewürze wie Curry, Kreuzkümmel oder Koriander in die Füllung geben. Falls es nicht rein vegetarisch sein muss, machen sich Speck oder Schinken in der Füllung ebenfalls sehr gut.

Löwenzahn-Erdäpfel-Salat

Wenn der Löwenzahn jung und frisch ist, zahlt es sich unbedingt aus, ihn roh als Salat zu genießen. Die leichte Bitternote harmoniert unglaublich gut mit gekochten Kartoffeln und kann sowohl als Beilage als auch als leichte Vorspeise serviert werden. Bei meinen Großeltern wurde der Salat meistens mit ihrem selbst gemachten Apfelessig aus der Hölle angemacht. Ich habe das Rezept etwas abgeändert, weil zu viel Säure den Geschmack des Löwenzahns erschlägt. Der Sesam bringt hingegen nussige Röstaromen und Crunch mit auf den Teller.

5 MINUTEN | GARZEIT: 30 MINUTEN

FÜR 4 PERSONEN

2 Frühlingskartoffeln (-erdäpfel)
200 g frische Löwenzahnblätter
Saft und Abrieb von
2 unbehandelten Zitronen
8 EL gutes Olivenöl
2 TL Senf
2 TL Honig
Salz
frisch gemahlener Pfeffer
1 EL Sesamsamen, geröstet

ZUBEREITUNG

Kocht die Kartoffeln in siedendem Wasser 30 Minuten. Lasst sie anschließend abkühlen und schneidet sie in mundgerechte Stücke. Wascht in der Zwischenzeit die Löwenzahnblätter gründlich und schneidet mit einem Messer die Wurzelenden ab. Vermischt Kartoffeln und Löwenzahn in einer großen Salatschüssel.

Gebt den Saft und den Abrieb der Zitronen, das Olivenöl, den Senf, den Honig, 1 Prise Salz und Pfeffer in einen hohen Rührbecher. Mixt alles, bis ein geschmeidiges Dressing entsteht.

Gebt das Dressing und den Sesam über den Salat und mischt alles gut unter. Ein bombastischer Salat!

Wilde Hopfensprossen mit Zitrone

Ehrlich gesagt ist das fantastische Produkt Hopfen nicht sehr leicht in den Supermärkten zu finden. Wir haben das Glück, dass wir dieses schmackhafte Gemüse zur Genüge in unseren Wäldern, die Ella wie ihre Westentasche kannte, finden. Wenn die Qualität passt, dann braucht man auch nicht viel dazu: etwas Zitrone, etwas Knoblauch, geriebenen Parmesan und fertig ist ein perfekter Frühlingssalat.

10 MINUTEN

FÜR 2 PERSONEN

200 g frische Hopfensprossen
gutes natives Olivenöl zum Braten und Abschmecken
2 Knoblauchzehen, mit der flachen Messerklinge zerdrückt
Salz
frisch gemahlener Pfeffer
Saft und Abrieb von 1 unbehandelten Zitrone
2 EL geriebener Parmesan

ZUBEREITUNG

Weicht die Hopfen in lauwarmem Wasser einige Minuten ein. Wascht sie dann gründlich durch, sodass jegliche Erde oder Verunreinigung entfernt wird. Trocknet sie anschließend gut mit einem Küchentuch ab.

Erhitzt etwas Olivenöl in einer Pfanne und fügt die beiden zerdrückten Knoblauchzehen samt Schale hinzu. Wartet, bis die Pfanne sehr heiß ist, und gebt die Hopfensprossen sowie einen Spritzer Wasser dazu. Setzt einen Deckel auf die Pfanne und lasst die Hopfensprossen bei mittlerer Temperatur 4 Minuten braten und dämpfen zugleich.

Sobald die Sprossen weich sind und sich leicht biegen lassen, schmeckt ihr sie mit Salz, Pfeffer, Olivenöl und dem Zitronensaft ab.

Serviert sie mit dem Zitronenabrieb, dem Parmesan und reicht dazu am besten ein Stück gutes Brot.

Eine einfache Kürbissuppe

Es gibt sehr viele Möglichkeiten, um eine Kürbissuppe zu kochen, mir gefällt die einfachste Version aber immer noch am besten: keine Brühe, keine Kartoffeln, keine Sahne. Wenn die Kürbisse gut sind, braucht man nicht viel mehr. Genügend Schärfe gefällt mir mit süßem Gemüse hingegen immer und etwas Kürbiskernöl darf natürlich auch nie fehlen. Ein Muntermacher an kalten Wintertagen und ein super Einstieg in jedes Mahl.

30 MINUTEN

FÜR 2 PERSONEN

500 g Butternusskürbis
2 EL Butter
1 Zwiebel, in Würfel geschnitten
4 Knoblauchzehen, in Scheiben geschnitten
1 daumengroßes Stück Ingwer, geschält und in Scheiben geschnitten
1 frische Chilischote, in dünne Scheiben geschnitten
50 ml Weißwein
1 Bund Thymian
Salz
2 EL Kürbiskernöl

ZUBEREITUNG

Schält den Kürbis, entfernt die Samen und schneidet das Fruchtfleisch in grobe Würfel. Schmelzt in einem geräumigen Topf 1 EL Butter und bratet darin die Zwiebel, die Kürbiswürfel, den Knoblauch, den Ingwer und den Chili 5 Minuten an.

Löscht dann mit dem Weißwein ab und lasst den Alkohol 1 weitere Minute verkochen. Gebt dann 1 l Wasser, den Thymian und 1 kräftige Prise Salz dazu. Lasst alles bei niedriger Temperatur 20 Minuten köcheln.

Püriert die Suppe anschließend mit einem Pürierstab und gebt dabei die restliche Butter dazu. Schmeckt ein letztes Mal ab und serviert die Suppe mit dem Kernöl – und am besten noch dazu mit einer knusprigen Einlage eurer Wahl.

Vinschger Spargel mit Bozner Sauce

In Ellas Garten wächst bis heute der wahrscheinlich beste Spargel, den ich je gegessen habe. Er ist zwar vielleicht nicht der schönste, aber er ist unglaublich süß und zart. Für dieses sehr klassische Rezept ist es ungeheuer wichtig, dass euer Spargel sehr frisch ist. Am besten prüft ihr dies, indem ihr zwei Spargelstangen längs aneinanderreibt. Wenn dabei ein Quietschgeräusch ertönt, habt ihr es mit frischem Spargel zu tun.

30 MINUTEN

FÜR 4 PERSONEN

20 Stangen weißer Spargel
150 ml Samenöl
Salz
2 Bio-Eier
2 TL Senf
Saft von 1 Zitrone
frisch gemahlener Pfeffer
2 EL Butter
4 EL geriebener Parmesan
8 Scheiben hochwertiger Kochschinken
2 EL feine Schnittlauchröllchen

ZUBEREITUNG

Schneidet die Enden des Spargels so weit ab, bis ihr auf den saftigen Teil stoßt, und schält ihn gründlich mit einem Sparschäler. Ölt und salzt den Spargel leicht ein. Dämpft ihn mit einem Dämpfaufsatz über siedendem Wasser oder alternativ im Dampfgarer bei 100 °C und 100 Prozent Luftfeuchtigkeit 10 Minuten.

Kocht in der Zwischenzeit die beiden Eier in kochendem Wasser 7 Minuten. Schreckt sie danach sofort ab, pellt sie, halbiert sie vorsichtig und löffelt das noch fast flüssige Eigelb in eine Schüssel. Hackt das Eiweiß in feine Würfel.

Gebt nun den Senf und Zitronensaft, 1 EL Wasser, 1 kräftige Prise Salz und Pfeffer zum Eigelb. Beginnt mit einem Schneebesen oder Handrührgerät zu schlagen und gießt sehr langsam das restliche Öl dazu. Bleibt dabei sehr geduldig und vergesst nie, nebenbei weiterzurühren. Gießt man einmal etwas zu viel Öl zu, könnte die Emulsion misslingen. Sobald das gesamte Öl integriert wurde und sich eine cremige Sauce gebildet hat, hebt ihr die Eiweißwürfel und den Schnittlauch unter … et voilà, habt ihr eine Bozner Sauce.

Schmelzt die Butter in einer großen Pfanne. Schwenkt den Spargel gemeinsam mit dem Parmesan darin. Schmeckt erneut mit Salz und Pfeffer ab und gebt den Schnittlauch dazu.

Gebt jeweils fünf perfekt gegarte Spargel auf einen Teller, zwei Scheiben Schinken und reichlich von der Sauce. Sehr gut passen dazu Salz- oder Bratkartoffeln.

Gepökelte Kalbszunge mit Erdäpfelsalat und Kren

Wenn wir nicht wüssten, wo es herkommt, dann würden wir alle wahrscheinlich viel öfter Zungenfleisch essen. Richtig zubereitet ist es nämlich – und das meine ich todernst – das wohl schmackhafteste Stück, das Kalb und Rind zu bieten haben. Probiert es einfach, was soll schon passieren?

FÜR 4 PERSONEN

Für die Zungen
2 Zwiebeln, halbiert
1 Karotte
1 Stange Staudensellerie
Salz
4 Lorbeerblätter
5 Pfefferkörner
1 Sternanis
2 gepökelte Rinds- oder Kalbszungen (à ca. 400 g)

Für den Erdäpfelsalat
5 festkochende Kartoffeln (Erdäpfel)
5 EL Olivenöl
1 Zwiebel, fein gehackt
300 g Gemüsefond
5 EL Apfelessig
1 EL mittelscharfer Senf
Salz
frisch gemahlener Pfeffer
Schnittlauch, gehackt, zum Abschmecken

Außerdem
2 EL guter Sahnemeerrettich (-kren)
frische Kresse zum Servieren

ZUBEREITUNG

Setzt für die Zungen einen Sud an: Bratet dafür die Zwiebeln in Samenöl in einem Suppentopf auf der Schnittfläche an, bis sie dunkelbraun sind und kräftig riechen. Schneidet die Karotte und den Sellerie in grobe Würfel und gebt beides zur Zwiebel. Gießt mit 6 l Wasser auf. Salzt den Sud leicht und gebt Lorbeer, Pfefferkörner und Anis dazu.

Bringt den Sud zum Kochen. Gebt dann sofort die beiden Zungen dazu. Reduziert die Temperatur und lasst den Zungensud zugedeckt 2,5 Stunden (oder bis die Zungen sehr weich sind) köcheln.

Fischt anschließend die Zungen aus dem Sud und wascht sie kurz mit kaltem Wasser. Entfernt nun die äußerste Hautschicht, sie ist sehr ledrig und nicht wirklich genießbar. Schneidet das restliche Zungenfleisch mit einem scharfen Messer in 1 cm dicke Scheiben.

Putzt für den Erdäpfelsalat die Kartoffeln gut und gart sie samt Schale in kochendem Wasser 25 Minuten oder bis sie beinahe gar sind. Es ist wichtig, dass sie nicht zu lange gegart werden, weil sie sonst im nächsten Arbeitsschritt zu leicht auseinanderfallen. Pellt die gekochten Kartoffeln und schneidet sie in 5 mm dicke Scheiben.

Erhitzt das Olivenöl in einer Pfanne und schwitzt die Zwiebel darin an. Fügt den Gemüsefond, den Essig und den Senf hinzu und lasst alles einmal aufkochen.

Gebt nun die Kartoffelscheiben dazu und kocht sie so lange, bis sie vollständig gar sind und der Kochsud leicht cremig geworden ist. Kleiner Tipp: Falls die Kartoffeln zu viel vom Kochsud »einsaugen« sollten und alles etwas trocken wirkt, gebt einfach einen Spritzer Wasser dazu und mischt es vorsichtig unter. Würzt zuletzt mit Salz, Pfeffer und etwas Schnittlauch.

Serviert die warmen Zungenscheiben mit dem Erdäpfelsalat, ein paar Klecksen Sahnekren und Kresse.

Tipp

Werft den Sud, in dem ihr die Zungen gekocht habt, keinesfalls weg. Es ist im Prinzip eine kräftige Fleischbrühe, die sich zur Weiterverarbeitung zu Suppe, Risotto und Saucen eignet.

Blutwurst mit Sauerkraut, Karotten und Senf

Ein weiteres Produkt, das ich über alles liebe, ist die fast in Vergessenheit geratene Blutwurst. Sie ist überaus zart und cremig und gehört eigentlich zu jedem traditionellen Weihnachtsessen in Südtirol dazu. Hier also eine Beschreibung, wie ich sie am liebsten esse.

25 MINUTEN

FÜR 4 PERSONEN

600 g Sauerkraut
1 Lorbeerblatt
2 Wacholderbeeren, zerdrückt
2 Knoblauchzehen, fein gehackt
1 EL Kümmelsamen
2 EL Butter
½ EL Mehl
2 Karotten
4 große, feste Blutwürste
scharfer Senf zum Servieren

ZUBEREITUNG

Wascht das Sauerkraut kurz durch und gebt es mit 100 ml Wasser in einen Topf. Lasst alles aufkochen und gebt Lorbeer und Wacholder dazu. Lasst das Kraut 15 Minuten köcheln.

Bratet den Knoblauch mit dem Kümmel in 1 EL Butter. Gebt das Mehl dazu und schwitzt es einige Minuten an. Gebt die Mischung zum Kraut und rührt gut um. Kocht das Kraut 5 weitere Minuten.

Schneidet in der Zwischenzeit die Karotten in Scheiben und die Blutwürste in 2 cm dicke Ringe. Erhitzt die restliche Butter in einer Pfanne und gebt die Karotten sowie die Blutwurstscheiben dazu. Bratet beides bei mittlerer Temperatur von zwei Seiten jeweils 2 Minuten an.

Serviert die Karotten und die Blutwurst auf dem Kraut mit reichlich scharfem Senf und reicht am besten etwas frischen Salat dazu. Himmlisch.

Ellas Weihnachtszelten

Zelten ist eine Art Früchtebrot, das vor allem zu Weihnachten zubereitet wird. Jede Familie hat hierzu ein eigenes Rezept und meist außerdem eine individuelle Verzierung mit Nüssen und Trockenobst. Obwohl Zelten meist als Dessert oder zum Naschen gereicht wird, esse ich ihn auch sehr gerne mit reifem Käse – eine tolle Kombination!

40 MINUTEN | BACKZEIT: 45 MINUTEN, ZIEHZEIT: 1 WOCHE

FÜR 4 ZELTEN

Für den Brotteig
25 g frische Hefe
1 EL Samenöl
1 TL Salz
150 g Weizenmehl
100 g Roggenmehl
1 TL Anissamen

Außerdem
250 g getrocknete Feigen
250 g getrocknete Zwetschgen
250 g Rosinen
100 g Sultaninen
200 g Walnusskerne
100 g Pinoli
100 g geschälte Mandeln
3 EL Rum
70 g flüssiger Honig
125 ml Weißwein
50 g Zitronat und Orangeat, in feine Würfel geschnitten
1 TL Zimtpulver
1 TL Gewürznelkenpulver
1 Msp. frisch geriebene Muskatnuss
1 Pck. Lebkuchengewürz
extra Nusskerne nach Wahl zum Garnieren
extra Trockenobst nach Wahl zum Garnieren

ZUBEREITUNG

Vermischt für den Brotteig die Hefe mit 200 ml lauwarmem Wasser und lasst die Mischung einige Minuten ziehen. Vermischt sie anschließend mit den restlichen Zutaten für den Brotteig in der Rührschüssel einer Küchenmaschine und vermengt alles mit dem Knetaufsatz auf niedrigster Stufe 5 Minuten.

Schneidet das Trockenobst in feine Würfel. Gebt sie zusammen mit den restlichen Zutaten mit Ausnahme der Nüsse und des Honigs zum Brotteig. Knetet die Masse gründlich durch. Formt daraus mit nassen Händen vier runde, gleichmäßige Zelten. Garniert sie mit Nüssen und Trockenobst eurer Wahl. Lasst den Teig an einem warmen Ort 20 Minuten aufgehen.
Gebt die Zelten danach auf ein mit Backpapier ausgelegtes Backblech. Backt sie im auf 150 °C Ober-/Unterhitze vorgeheizten Backofen 45 Minuten und bestreicht sie dabei gelegentlich mit flüssigem Honig.

Lasst die Zelten anschließend gut abkühlen. Wickelt sie dann in Frischhaltefolie und lasst sie mindestens 1 Woche durchziehen, bevor ihr mit dem Naschen beginnt. Erst dann sind sie unheimlich saftig und aromatisch.

Vinschger Schneemilch mit Kaki

Dies ist die wohl traditionsreichste Süßspeise aus meinem Heimattal, dem Vinschgau. Grundsätzlich brauchte man dafür lediglich Brot, Milch und Schlagsahne. Die genaue Ausführung variierte dann je nach Möglichkeiten: Nur bei reicheren Familien kamen auch Trockenfrüchte, Nüsse und/oder Gewürze dazu. Meine Version ist etwas zeitgemäßer und enthält dementsprechend genügend Extras. Trotzdem bleibt die »Schneamilch« stets ein kulinarisches Denkmal für alle Vinschger Mütter, die mit wenig zaubern konnten.

15 MINUTEN

FÜR 4 PERSONEN

4 Scheiben altbackener Hefezopf oder Brioche-Brot
2 TL Zimtpulver
150 ml Milch
1 EL Rum
1 EL Butter
100 g ungeschälte Haselnusskerne
Salz
2 reife/weiche Kakis
200 g Sahne
Mark von ½ Vanilleschote
50 g Puderzucker
4 EL griechischer Joghurt

ZUBEREITUNG

Schneidet den Zopf oder das Brioche-Brot in 1 cm dicke Würfel. Vermischt die Würfel mit dem Zimtpulver und legt eine kleine Handvoll der Mischung beiseite. Weicht den Rest der Würfel in der Milch und dem Rum ein, bis die Brotstücke feucht, aber nach wie vor in ihrer Form intakt sind. Bratet die beiseitegelegten Würfel wie Croûtons in der heißen Butter, bis sie goldbraun und knusprig sind.

Würzt die Haselnüsse mit 1 Prise Salz und röstet sie im auf 180 °C (Ober-/Unterhitze) vorgeheizten Backofen 10 Minuten. Lasst sie anschließend abkühlen. Zerhackt sie dann grob mit einem Messer.

Entfernt die Schale der Kakis und püriert das Fruchtmark, bis eine dickflüssige Sauce entsteht.

Schlagt die Sahne zusammen mit der Vanille und dem Puderzucker auf und lasst sie dabei keinesfalls zu steif werden. Mischt den griechischen Joghurt unter.

Gebt nun etwas von der Fruchtsauce auf den Boden eines Dessertgefäßes/Tellers eurer Wahl. Verteilt zuerst den eingeweichten Zopf darauf, löffelt anschließend großzügig die Sahnecreme darüber. Vollendet das Dessert mit den Nüssen und den süßen Croûtons.

Ellas cleverer Zucchini-Kuchen

Torten und Kuchen sind immer so ein Ding. Ich bin ganz ehrlich: Viele Stockwerke, viel Deko und viel eingefärbter Zuckerguss überzeugen mich selten. Da habe ich lieber einen einfachen, saftigen Blechkuchen wie jenen von Ella, die natürlich allerhand Ideen haben musste, um ihre Zucchini an den Mann zu bringen. Ein Glas Milch zu dem saftigen Kuchen dazu und ich bin im Naschhimmel.

20 MINUTEN | BACKZEIT: 30 MINUTEN

FÜR 12 PERSONEN

300 g Zucchini
200 g Walnusskerne
150 g Butter
100 g Edelbitterschokolade (60–70 % Kakaoanteil)
4 Eier
350 g Zucker
Salz
6 EL ungesüßtes Kakaopulver
100 g Mehl
2 TL Backpulver

ZUBEREITUNG

Hobelt die Zucchini. Hackt die Nüsse grob.

Schmelzt die Butter und die Schokolade gemeinsam im Wasserbad und lasst danach die Masse kurz abkühlen.

Schlagt die Eier, den Zucker und 1 Prise Salz mit einem Handrührgerät sehr schaumig. Vermischt Kakao, Mehl und Backpulver gründlich. Siebt die Mischung dann in die Eiermasse. Hebt alles vorsichtig mit einem Schneebesen unter. Gebt anschließend die Butter-Schokolade-Mischung dazu.

Hebt zum Schluss die Zucchini und die Nüsse unter und seid dabei sehr vorsichtig.

Verteilt den Teig gleichmäßig in einer mit Backpapier ausgelegten Auflaufform. Backt den Kuchen im auf 150 °C (Ober-/Unterhitze) vorgeheizten Backofen 30 Minuten.

Serviert den Kuchen am besten noch leicht warm.

Der Apfelstrudel – ein Schlusswort

Mit welchem Teig man Apfelstrudel zubereitet, ist in Südtirol eine lange Streitfrage. Die meisten Kollegen verwenden Mürbteig, meine Mutter bevorzugte Blätterteig, Oma Ella schwor hingegen auf Ziehteig. Und erneut verkünde ich: Hauptsache, es schmeckt!

30 MINUTEN | BACKZEIT: 35 MINUTEN

FÜR 10 PERSONEN

Für den Ziehteig

- 350 g Weizenmehl plus etwas mehr zum Arbeiten
- 4 EL Samenöl plus etwas mehr zum Bepinseln
- 1 Prise Salz
- 3 EL lauwarmes Wasser
- 1 Ei

Für die Füllung

- 6 mittelgroße, feste Äpfel
- 50 g Pinoli
- 50 g Walnusskerne
- 2 EL Rum
- 2 TL Zimtpulver
- 2 EL Rosinen
- 2 EL Zucker
- Abrieb und Saft von 1 unbehandelten Zitrone
- 100 g Semmelbrösel
- 100 g geschmolzene Butter

ZUBEREITUNG

Für den Ziehteig alle Zutaten in die Rührschüssel einer Küchenmaschine geben und mit dem Knetaufsatz auf niedrigster Stufe 5 Minuten verrühren. Sobald ein homogener Teig entstanden ist, bepinselt ihr ihn mit Samenöl und lasst ihn zugedeckt 2 Stunden ruhen.

Schält für die Füllung die Äpfel und schneidet sie in mundgerechte Stücke. Vermischt sie in einer großen Schüssel mit den Pinoli, den Walnüssen, dem Rum, dem Zimt, den Rosinen, dem Zucker, dem Abrieb und dem Saft der Zitrone. Lasst die Füllung einige Minuten ziehen.

Röstet in der Zwischenzeit die Semmelbrösel – entweder ohne Fettzugabe oder in 2 EL geschmolzener Butter.

Rollt den Teig auf einer bemehlten Arbeitsfläche rechteckig und so dünn wie möglich aus. Bepinselt ihn mit der geschmolzenen Butter und verteilt gleichmäßig die Brösel darauf.

Verteilt exakt in der Mitte eures Teigs die Apfelfüllung und gebt dabei acht, dass ihr zu allen Rändern mindestens 5 cm Abstand lasst, ansonsten lässt sich der Strudel nachher nämlich nicht gut falten. Schlagt die Ränder an allen Seiten ein, sodass der Strudel komplett verschlossen ist.

Legt den Strudel auf ein mit Backpapier ausgelegtes Backblech. Backt ihn im auf 170 °C Ober-/Unterhitze vorgeheizten Backofen 35 Minuten oder bis er goldbraun ist.

Serviert den Strudel sofort – am besten mit etwas Puderzucker bestreut und frisch aufgeschlagener Sahne.

Register der Rezepte

* Bei Gerichten mit Parmesan diesen durch eine vegetarische Alternative ersetzen

Ein Schlusswort: Danke für die Aufmerksamkeit!

Über den Autor

Thomas Ortler vertiefte nach seinem Abschluss als Sozialhistoriker seine Liebe zum Kochen und landete dabei in den Küchen der Koryphäen Konstantin Filippou und Paco Pérez. Er führt seit 2018 als Chef Patron sein innovatives Restaurant »flurin« in Südtirol. Im Fokus seiner kreativen Küche stehen die Themen Regionalität, Nachhaltigkeit und Konsumethik. Thomas Ortler wurde vom Gault & Millau als »Entdeckung des Jahres 2022« und vom Falstaff als »Best Young Chef 2023« ausgezeichnet. Mittlerweile hat Thomas Ortler in seiner Heimatstadt Glurns zwei weitere Lokale eröffnet.

Über den Fotografen

Udo Bernhart arbeitet seit mehr als 40 Jahren als freier Fotograf und Fotojournalist. Im Vinschgau aufgewachsen und der Südtiroler Landschaft eng verbunden, führten ihn Aufträge in die ganze Welt: Feuerland, China, Alaska, Kamtschatka ... Er hat zahlreiche Fotoreportagen und mehr als 150 Bildbände veröffentlicht. Neben anderen Auszeichnungen erhielt Udo Bernhart 2003 und 2014 auf der Frankfurter Buchmesse den ENIT-Preis für das beste Buch über Italien. Er lebt abwechselnd im Vinschgau und in Frankfurt am Main.

Vergelt's Gott!

Ein Herzensprojekt wie dieses sollte auch mit ein paar Worten von Herzen abgeschlossen werden. Deshalb ein herzliches Dankeschön an alle, die uns bei dieser Unternehmung so tatkräftig unterstützt haben.
Ein besonderes Vergelt's Gott gilt dabei dir Udo, der du nicht nur mit deinen fantastischen Bildern, sondern auch mit sehr vielen wegweisenden Ideen und deiner Erfahrung dafür gesorgt hast, dass dieses Buch überhaupt entstehen konnte. Danke für deinen Wagemut, deinen Ehrgeiz und nicht zuletzt unserer Freundschaft, die für mich zu den wertvollsten überhaupt zählt.
Zudem ein großes Vergelt's Gott an Sonya Mayer für das Vertrauen und die professionelle Unterstützung in jeglicher Situation.
Ein herzliches Vergelt's Gott gilt auch meiner Familie, die stets mit sehr viel Geduld und Verständnis hinter mir steht.

Dasselbe gilt für mein unglaubliches Team im **flurin**, im **Steinbock** und im **Weissen Kreiz**: Ihr seid die Triebfeder hinter allem Schönen, was in den letzten Monaten geschehen durfte.
Ein außerordentliches Vergelt's Gott richtet sich auch an alle Nanas, die uns herzlich in ihre Küchen aufgenommen haben und uns nicht nur ihre Gerichte, sondern auch ihren unbändigen Charakter und ihre unübertreffliche Gastfreundschaft offenbart haben. Dieses Buch ist nicht nur eine Hommage an ihre Küche, sondern auch an ihre tapfere Generation und ihre vorbildliche Einstellung zum Leben. Wir ziehen deshalb den Hut vor euch!
Zu guter Letzt gilt es auch noch, ein Vergelt's Gott in den Himmel zu schicken. Es gilt jenen Nanas, die zwar die Fertigstellung dieses Buches nicht mehr erleben konnten, jedoch stets in unserer Erinnerung, in unseren Herzen und auch in unseren Geschmäckern bei uns sind.
Vergelt's Gott und pfiat enk!

Impressum

Verantwortlich: Sonya Mayer
Texte & Rezepte: Thomas Ortler
Fotografie: Udo Bernhart
Redaktion: Constanze Lüdicke
Umschlaggestaltung: Dominik Günzinger
Layout: Helen Garner
Repro: LUDWIG:media
Korrektorat: Judith Bingel
Herstellung: Bettina Schippel

Printed in Türkiye by Elma Basim.

Sind Sie mit diesem Titel zufrieden? Dann würden wir uns über Ihre Weiterempfehlung freuen. Erzählen Sie es im Freundeskreis, berichten Sie Ihrem Buchhändler oder bewerten Sie bei Onlinekauf. Und wenn Sie Kritik, Korrekturen, Aktualisierungen haben, freuen wir uns über Ihre Nachricht an: Christian Verlag, Postfach 40 02 09, D-80702 München oder per E-Mail an lektorat@verlagshaus.de

Unser komplettes Programm finden Sie unter: www.christian-verlag.de

Bildnachweis
Alle Fotografien des Umschlags und Innenteils stammen von Udo Bernhart.
Illustration Pergamentpapier: Shutterstock/Helga_creates; Illustration Klebestreifen: Shutterstock/natrot.

Alle Angaben dieses Werkes wurden vom Autor sorgfältig recherchiert und auf den neuesten Stand gebracht sowie vom Verlag geprüft. Für die Richtigkeit der Angaben kann jedoch keine Haftung übernommen werden, weshalb die Nutzung auf eigene Gefahr erfolgt. Sollte dieses Werk Links auf Webseiten Dritter enthalten, so machen wir uns die Inhalte nicht zu eigen und übernehmen für die Inhalte keine Haftung. In diesem Buch wird aus Gründen der besseren Lesbarkeit das generische Maskulinum verwendet. Weibliche und anderweitige Geschlechteridentitäten werden dabei ausdrücklich mitgemeint, soweit es für die Aussage erforderlich ist.

Die Deutsche Nationalbibliothek verzeichnet diese Publikation in der Deutschen Nationalbibliografie; detaillierte bibliografische Daten sind im Internet über http://dnb.d-nb.de abrufbar.

Copyright © 2025 Christian Verlag GmbH, Infanteriestraße 11 a, 80797 München

Alle Rechte vorbehalten.

ISBN 978-3-95961-944-8

Was danach geschah...

Während wir dieses außergewöhnliche Buch machen durften haben wir viele spannende Frauen kennengelernt und so manches Versprechen geäußert. So versprach mir Maria Nagler hoch und heilig, dass Sie mich im flurin besuchen würde. Und das tat sie tatsächlich: Zusammen mit ihrem Ehemann und einer guten Freundin nahm sie einige Monate später die lange Fahrt von Alta Badia auf sich, um mich wiederzusehen. Dann war ich an der Reihe, und durfte sie bekochen und ihr unser historisches Gebäude zeigen. Sie war hin und weg, verliebt in das alte Gemäuer und in unsere Art zu kochen. Wir tranken ein paar Gläschen, plauderten, was das Zeug hielt, und versprachen uns, weiterhin in Kontakt zu bleiben.

Ähnlich verhielt es sich mit Nonna Mimma. Sie versprach mir zuerst, dass sie alleine mit dem Zug von Meran nach Glurns reisen würde, aber letztendlich kam sie mit dem Auto, zusammen mit ihrer ganzen Familie, ins flurin. Sie